ヴァイシェーシカ・スートラ

古代インドの分析主義的実在論哲学

カナーダ編／チャンドラーナンダ註
宮元啓一訳註

臨川書店

はじめに

実在論的多元論哲学を展開したヴァイシェーシカ学派は、インド哲学の世界で大きな影響力を持ちました。その実在論とは、すべての実在は知られかつ言語表現されるし、また逆に、知られかつ言語表現されるものはすべて実在だとするものです。ですから、ヴァイシェーシカ学派にとって、世界は言語空間であり、すべては世界内存在であり、世界外存在は認められず、したがって、基本的に、世界を分析するとは、すなわち言語を分析することに他ならないということになります。ですから、ときとしていわれるように、ヴァイシェーシカ哲学は素朴実在論でも自然哲学でもなく、きわめて形而上学的に構成された実在論なのです。

ヴァイシェーシカ学派の開祖は、西暦紀元前二世紀に活躍したカナーダ（Kaṇāda）です。彼は別にカナブジュ（Kaṇabhuj）、カナバクシャ（Kaṇabhakṣa）とも呼ばれますが、意味はみな「小さな粒を食べる者」で、ちょっと謎めいた名です。

カナーダの実在論的多元論哲学を特徴づける最大のものは、カテゴリー論と原子論です。彼が活躍していた時期、パンジャーブ地方に、ギリシア系のバクトリア国が栄えていました。おそらくカナーダは、バクトリア国のギリシア人哲学者との交流を持ち、その影響のもと、カテゴリー論と原子論をみずからの哲学の中核に据えたものと考えられます。

カナーダの原子論は、中身のつまった常住の原子が、中身のつまっていない虚空の中を運動するというもので、これはまさに古代ギリシアの原子論をほどんどそっくり受け継いだものになっています。

ギリシア哲学におけるカテゴリー論といえば、アリストテレスの一〇カテゴリー論を想起しますが、カナーダは、それをそっくり受け継ぎはしませんでした。アリストテレスがカテゴリーを立てる基準は、実体を除いてどうもはっきりしませんが、カナーダは、文法学を援用してカテゴリーを分類しました。

カナーダは、文法学派出身であったかどうか不明ですが、文法学派と深い関わりがあったことは確かだといえます。実際、カナーダのすぐ後に出た文法学派の巨匠パタンジャリは、カナーダのカテゴリー論を採用しています。

カナーダがギリシア人哲学者と交流を持ったであろうことは、彼のさらなる異名であるウルーカ（Ulūka）からも察せられます。「ウルーカ」は「ふくろう」を意味します。ギリシア神話では、ふくろうは知恵の女神のお使いだとされます。ギリシア人哲学者たちが、カナーダの聡明さに感心し、「あなたは知恵の女神のふくろうのように聡明だ」として「ふくろう」という綽名をつけたとしますと、この一見奇妙な異名の奇妙さが払拭されます。

カナーダは、ヴァイシェーシカ学派の根本教典である『ヴァイシェーシカ・スートラ』

（*Vaiśeṣika-sūtra*）を編纂しました。ただ、現存の『ヴァイシェーシカ・スートラ』には、どうも後世の加筆があるようで、全体の構成が分かりにくくなっています。また、この教典への註釈文献は、現存する最古のチャンドラーナンダによるものがおそらく西暦紀元後七世紀と、かなり時間が経過しています。またそれ以外にもいくつかの註釈文献がありますが、さらに時間が経過したものです。また、悩ましいことに、それらの註釈文献ごとに、スートラの文言にかなりの異同があり、解釈に困難を来しています。

これまで少なからぬ学者が『ヴァイシェーシカ・スートラ』に挑み、原スートラの抽出などを試みてきましたが、あまり大きな成果を挙げられていないというのが現状です。

そこで、今回わたくしは、ともかくチャンドラーナンダの註も全訳し、チャンドラーナンダの解釈でスートラの全篇を理解しようと考えました。ただ、チャンドラーナンダの解釈にもやはり多くの疑義がありますので、煩雑にならない程度に抑えながら、解説の中で少しばかりそうした疑義に言及することにしました。

底本には、*Vaiśeṣikasūtra of Kaṇāda with the Commentary of Candrānanda*, critically edited by Muni Srī Jambuvijayaji. Gaekwad's Oriental Series No.136. Baroda: Oriental Institute, 1961を使用しました。ジャンブヴィジャヤ師が用いたのとは別の写本がプネーのバンダルカル東洋学研究所にあり、知人の好意によりわたくしもそのコピーを所有していますが、わたくしは古い写本を読解する能力がありませんので、残念ながら今回はそれを参照することができませんでした。その写本による校訂本が出版される日を期待したいと思います。

最後になりましたが、臨川書店編集部の鈴木裕子氏にはたいへんお世話になりました。深く感謝いたします。

著者しるす

二〇〇九年春
中野の陋屋にて

目次

第三章

第四章

第五章

第一章　第一日課

〔スートラ一・一・二〕さてこのゆえに我々は功徳を解明するであろう。（athāto dharmaṃ vyākh-yāsyāmaḥ.）

ヴェーダ聖典の学習を繰り返すことによって汚れを離れたあるバラモンに、《実に身体のない者に好悪が触れることはない》（『チャーンドーギヤ・ウパニシャッド』八・一二・一）というヴェーダの文章が閃いた。それから彼はこの文章を考察してから、カナバクシャのもとにやって来た。それから彼は語りかけた。「幸あるお方よ。この文章によって、身体を打ち滅ぼした人が安穏を成就することが語られていますが、その手段が何であるのか仰って下さい」と。すると聖者は答えられた。「功徳である」と。それからバラモンは語った。「功徳とは何でしょうか。それは何を特質としているのでしょうか。それを成就するものは何でしょうか。それは何を目的としているのでしょうか。また、それは何を見返りにもたらしてくれるのでしょうか」と。このゆえに、これらの質問の直後に〔聖者カナバクシャは〕功徳の解明を約束したのであるから、「さて」という語は「直後に」を言い表している。「このゆえに」という語も、〔そのバラモンが〕離欲・智慧・議論に熟達していることなどの、弟子としての資質を完全に具えていることを理由として示している。「この弟子が資質を完全に備えているから、質問の直後に彼に功徳を我々は解明するであろう」〔というのがこのスートラの意味である〕。

〔スートラ一・一・二〕 それにより生天と至福が確定するところのもの、それが功徳である。（yato 'bhyudayaniḥśreyasasiddhiḥ sa dharmaḥ.）

液状の酪や花などを欠く祭祀や神への供養などの所行は、まさにその場で消滅し、後に果報をもたらすことが不可能であるから、それにより生天と至福が生ずるところのもの、それが功徳であると知られるべきである。生天とは、ブラフマー神などの世界において望ましい身体を得ること、および不幸が終息することである。至福とは、自己に関する固有の性質の無という形を取った解脱のことである。

〔解説〕

自己に関する固有の性質とは、知識・楽・苦・欲求・嫌悪・内的努力・修習・功徳・罪障のことです。

功徳がそのような特質を有するということは、どこから知られるのかというならば、それは聖典からである。聖典に権威があるのはどうしてかということで、次のように述べられる。

〔スートラ一・一・三〕 かの〔最高神の〕ことばであるから、聖典には権威がある。（tadvacanād

āmnāyaprāmāṇyam.)

「かの」という語は、黄金の胎児を想起させる。「この者の精液は黄金である」ということで、幸あるお方である最高神こそが述べられている。信頼さるべき者によって語られたということは、真実性に遍満されているから、この場合、信頼さるべき黄金の胎児によって語られたのであるから、聖典に権威があることが立証される。また、最高神〔の存在〕は、身体・世界などが、〔知性を有する陶工によって作られた〕水がめのように、結果であるがゆえに、知性を有する者を作者とするという推論によって立証された。

〔解説〕

ここでの最高神の存在証明を推論式で示すと次のようになります。

〔主張〕身体・世界などは知性を有する者を作者とする。

〔理由〕結果であることのゆえに。

〔喩例〕例えば水がめのごとし。

功徳の本質とその特質とが語られた。今度は、功徳を成就するものである実体・性質・運動について語ることにしよう。

〔スートラ一・一・四〕地・水・火・風・虚空・時間・空間・自己・意、以上が実体である。(pṛthivy āpas tejo vāyur ākāśaṃ kālo dig ātmā mana iti dravyāṇi.)

〔実体は、〕実体性〔という普遍かつ特殊〕と結びついているがゆえに実体である。地性〔という普遍かつ特殊〕と結びついているがゆえに地である。「水」などの名称も同様である。「実体は九つのみであり、それ以上はない」ということをいうために「以上が」という語がある。

〔解説〕

第一〇番目の実体として闇（tamas）があるのではないかという議論があります。ヴァイシェーシカ学派は、闇は光（＝火 tejas）の欠如態に過ぎないとしてそのような議論を斥けます。

このように実体が列挙された。さらに性質はどのようなものかということで、次のように語られる。

〔スートラ一・一・五〕色・味・香・触・数・量・別異性・結合・分離・かなた性・こなた性・知識・楽・苦・欲求・嫌悪、そして内的努力が性質である。(rūparasagandhasparśāḥ saṃkhyāḥ parimāṇāni pṛthaktvaṃ saṃyogavibhāgau parātvāparatve buddhayaḥ sukhaduḥkhe icchādveṣau prayatnaś ca guṇāḥ.）

はっきりと述べられた色など一七が性質であるが、また「そして」という語に集約されている重さ・流動性・粘着性・潜在的印象・功徳・罪障・音声が〔性質として〕把握される。これらについては、あとで機会があるごとに語ることにしよう。

さらに、運動とはどのようなものかということで、次のように語られる。

〔スートラ一・一・六〕上昇・下降・収縮・伸張・進行、以上が運動である。（utkṣepaṇam avakṣepaṇam ākuñcanaṃ prasāraṇaṃ gamanam iti karmāṇi.）

運動はこれら五つのみであると見なければならない。「進行」という語によって、旋回・排出なども把握される。

以上のように実体・性質・運動が列挙された。それに引きつづいて普遍・特殊・内属が語られるであろう。このような六つのカテゴリーの共通性と非共通性を完全に知ることは、対象の欠陥を見ることによって離欲が生ずるさいに、成就さるべき至福をもたらす功徳の原因である。さらに、成就さるべき生天をもたらす功徳の原因は、以下のようである。すなわち、《平地において犠牲祭を行うべし》というのが、地が〔その原因である〕ということであり、《水を下方に導く》などというのが、それぞれ他の実体が〔その原因である〕ということであり、他方、《黒いものを獲得すべし》などというのが、性質が〔その原因である〕ということであり、他方、《米を搗く》などというのが、運動が〔その原因である〕ということである。

〔解説〕

カテゴリー（padārtha）を六つ数えるのは、六世紀前半のプラシャスタパーダ以降のことです。わたくしが見るところ、『ヴァイシェーシカ・スートラ』は、実体・性質・運動・普遍・特殊・普遍かつ特殊・内属・無の八つをカテゴリーとして考えているように思います。五世紀初め成立の『勝宗十句義論』は、それにさらに原因が持つ力能・無力能を加えて一〇のカテゴリーを数えます。

共通性と非共通性が認識された実体などが生天と至福の原因であるから、まず共通性が語られる。

〔スートラ一・一・七〕 有り、無常であり、実体を〔拠り所として〕有し、結果であり、原因であり、普遍かつ特殊を有するというのが、実体・性質・運動の共通性である。（sad anityaṃ dravyavat kāryaṃ kāraṇaṃ sāmānyaviśeṣavad iti dravyaguṇakarmaṇām aviśeṣaḥ.）

「実体は有る、性質は有る、運動は有る」というわけで、有性が三者の共通性である。

同様に、虚空などを除き、無常であることが〔三者の共通性である〕。

原子や虚空などを除き、実体を〔拠り所として〕有すること、つまり質料因を有することが、〔三者の〕共通性である。

同様に、結果であること、つまり無かったものが有るようになることが、常住の実体を除き、〔三者の〕共通性である。

原因であること、つまり結果を生ずるものであることは、三者の共通性である。地などは実体・性質・運動の質料因であり、虚空などは性質の質料因であり、意と最終的な全体は性質と運動の質料因である。他方、性質はといえば、色・味・香・非熱の触・数・量・一別異性・粘着性・音声は非質料因であり、知識・楽・苦・欲求・嫌悪・内的努力・功徳・罪障・修習は動力因であり、結合・分離・熱〔の触〕・重さ・流動性・速力は両様の原因である（＝非質料因でもあり動力因でもある）。かなた性・こなた性・数二〔など〕・二別異性〔など〕・丸いこと（＝極小・極大の量）などは原因ならざるものである。運動は結合と分離の非質料因である。

かの実体性などは普遍であり、同時に特殊であるので普遍かつ特殊であり、それを有するということが三者の共通性である。

〔解説〕

『ヴァイシェーシカ・スートラ』と慧月が著した『勝宗十句義論』では、原因は質料因（samavāyikāraṇa）と非質料因（asamavāyikāraṇa）に分類されます。プラシャスタパーダが著した『パダールタダルマ・サングラハ』（「カテゴリーと功徳についての総括」の意）では、それに加えて動力因（nimittakāraṇa）が立てられます。

例えば、「白い牛が歩く」という場合、牛が白い色と歩行との質料因です。あるいは、半片は水がめの質料因です。

例えば、半片の色は水がめの色の非質料因です。

例えば、陶工や棒は水がめの動力因です。

『ヴァイシェーシカ・スートラ』と『勝宗十句義論』では、普遍と特殊については、普遍（sāmānya＝有性 sattā）・特殊（viśeṣa＝究極の特殊 antyaviśeṣa）・普遍かつ特殊（sāmānyaviśeṣa）という分類がなされます。『パダールタダルマ・サングラハ』では、普遍を上位の普遍と下位の普遍に分け、上位の普遍は有性、下位の普遍は実体性などとし、特殊は究極の特殊であるとされます。

〔実体・性質・運動の〕三者の共通性が認識されたところで、今度は非共通性が語られる。すなわち、

〔スートラ一・一・八〕実体（複数）は別の実体を造る。（dravyāṇi dravyāntaram ārabhante.）

〔「実体（複数）」というのは、〕二つの実体と三つ以上の実体を指しているので、一つ〔の実体〕が〔別の実体を〕造ることはない。質料因である実体（複数）は、自身とは異なる結果としての実体を造る。他方、虚空などという最終的な全体としての実体は、実体を造らない。なぜなら、同種で、中身がつまっていること・運動・色などを有する二つあるいは三つ以上の原因が結果を造るからである。虚空などは、そのような類のものではない。意は触を有しないから〔別の〕実体の原因とはならない。なぜならまた、最終的な全体としての実体は目に見えないからである。

〔解説〕

最終的な全体（antyāvayavin）としての実体というのは、いかなるものの部分（avayava）でもありえない実体のことをいいます。具体的には、虚空・時間・空間・自己・意がそれに当たります。

〔スートラ一・一・九〕また、性質（複数）は別の性質を〔造る〕。（guṇāś ca guṇāntaram.）

二つの性質と三つ以上の性質という点は先と同じ。例えば、複数の糸の色などは、みずからの拠り所に内属している布という実体に存する、自身とは異なる色などの性質を造る。

〔解説〕

糸の色などは、糸に内属している布の色の非質料因だということです。糸の色などは布の色などとは異なります。糸の色などは、糸に内属するものであり、布の色などは、布に内属する色などです。そこで、「自身とは異なる色など」といわれるのです。

〔スートラ一・一・一〇〕運動により生ぜしめられる運動は存在しない。（karma karmasādhyam na vidyate.）

運動によって運動が生ずることはない。なぜなら、運動には中断が見られるからである。すなわち、運動が運動を造るとするならば、運動を有しない（＝静止している）実体が認識されないということになろう。

そして、以上のように、ある実体は〔別の実体を〕造るものであり、ある実体はそうではない。ある性質は原因であり、ある実体はそうではない。運動は運動の原因ではまったくない。以上が〔実体・性質・運動の三者の〕非共通性である。

別の非共通性が説かれる。

〔スートラ一・一・一二〕実体は結果によって破壊されることがなく、また原因によって破壊されることがない。(kāryāvirodhi dravyaṃ kāraṇāvirodhi ca.)

「破壊」とは「消滅」「妨げ」のことである。ある場合、結果である実体などによって、原因である実体が、それが質料因であれ非質料因であれ、破壊されることはない。すなわち、指という実体は、結果である二指体(＝二本の指が結合してできるもの)を生じつつあるとき、それを目的とする運動や、それによって作られた結合や、それから生じた二指体によって破壊されることはない。また結び目は、質料因・非質料因、あるいはその結合によって破壊されることはない。意と最終的な全体としての実体は、性質や運動という結果によって、虚空などは、〔結果である〕性質によって破壊されることはない。これらは常住であるから、〔したがって原因を有しないから、そもそも〕原因によって破壊されることはない。

〔スートラ一・一・一三〕性質は両様である。(ubhayathā guṇaḥ.)

〔性質は、〕結果・原因・〔結果と原因の〕両者によって破壊されないものと破壊されるものとがある。

原子に存する色などは、結果によって破壊されず、二原子体などに存する色などは、〔結果と原因の〕両者によって破壊されず、最終的な全体としての実体に存する色などは、原因によって破壊されない。

因果関係にない色・味・香・触は、互いによって破壊されない。

最初・中間・最後の音声は、結果・〔結果と原因の〕両者・原因によって破壊される。

不可見力（＝功徳と罪障）は、結果（＝異熟によって生じた果報）によって破壊される。

速力と内的努力は、〔運動する触を有する実体と〕触を有する実体との結合によって破壊される。

因果関係にない結合と分離、楽と苦、欲求と嫌悪は、互いによって破壊される。

知識は、潜在的印象（＝修習）の連続という対極によって破壊される。

潜在的印象（＝修習）は、知識・酔乱・苦などによって破壊される。


〔スートラ一・一・一三〕運動は、結果によって破壊される。（kāryavirodhi karma.）

〔運動の結果である〕結合・分離・潜在的印象（＝速力）の内、結合によって運動は破壊されるが、分離と潜在的印象によっては破壊されない。なぜなら、〔分離と潜在的印象によって運動が破壊されると、運動によって〕結合が生ずることがなくなってしまうという論理的過失が付随するからである。

また、別の非共通性について。

〔スートラ一・一・一四〕運動を有し、性質を有し、質料因であるというのが実体の特質である。

(kriyāvad guṇavat samavāyikāraṇam iti dravyalakṣaṇam.)

上昇などの運動がそれぞれ内属によって存するところのもの、それが運動を有するものであるが、虚空・時間・空間・自己を例外とする。色などの性質がそれぞれ内属によって存するところのもの、それが性質を有するものである。不可分離であることが確定している拠るものと拠られるものとの関係にあるものが「ここにある」という〔言語表現と観念〕がよってきたるところのものが内属であり、「内属を有するものすなわち原因」というのが質料因である。あるいは「内属する結果の原因」というのが質料因である。その内、地などは、実体・性質・運動の三者の質料因である。虚空などは性質の質料因である。意と最終的な全体としての実体は性質と運動の質料因である。

〔解説〕

実体の特質（＝定義）が述べられていますが、運動を有しない虚空などを例外とするというのは、定義としては不備があるのではないかとの議論があります。ただ、この定義は、「運動を有し、性質を有し、質料因であるものは実体だけである」と述べたものだと解釈すれば問題はなくなります。

〔スートラ一・一・一五〕実体を拠り所とし、性質を有せず、結合と分離にたいしては待つところがなくて原因だというのではないというのが性質の特質である。(draryāśrayī aguṇavān saṃyogavibhāgeṣv akāraṇam anapekṣa iti guṇalakṣaṇam.)

〔性質は〕「実体に依拠する」から実体を拠り所とするものである。
〔性質は〕「無性質である」から性質を有しないものである。
〔性質は〕「結合と分離にたいしては待つところがなくて原因だというのではない」とは、待つところがあって原因だということである。すなわち、二本の指と虚空との結合は、二指体と虚空との結合が作られるべきとき、二指体の発生を待つ。二本の指の相互の分離は、二指体と虚空の分離に関して結果(＝二指体)の消滅を待つ。同様に、結合・分離を特質とする性質は、結合と分離にたいしては待つところがあって原因である。

〔スートラ一・一・一六〕一つの実体を〔拠り所として〕有し、性質を有せず、結合と分離にたいしては待つところがなくて原因であるというのが運動の特質である。(ekadravyam aguṇaṃ saṃyogavibhāgeṣv anapekṣaṃ kāraṇam iti karmala kṣaṇam.)

この運動の拠り所は一つの実体であり、二つ〔以上の実体〕ではなくただ一つ〔の実体〕であり、その運動が一つの実体に存する、というのが「一つの実体を〔拠り所として〕有する」ということである。

性質を有することがない、というのが「性質を有せず」ということである。

〔運動は、〕結合と分離が作られるべきとき、一方ではみずからの拠り所が分離されるべき別の拠り所と結合することから、生ぜられるべきものと消滅するべきものとを待つことなしに、結合と分離にたいしては待つところがなくて原因である。

〔解説〕

例えば、人差し指に生じた運動は、人差し指と元の虚空との分離と人差し指と中指との結合の原因となりますが、そのさい、作られるべき二指体を待つことはありません。また、二指体の内の人差し指に生じた運動は、二指体と虚空の分離と人差し指の新たな虚空の場所との結合の原因となりますが、二指体の消滅を待つことはありません。

また別の非共通性について。

〔スートラ一・一・一七〕実体は、実体・性質・運動の共通の原因である。（dravyaguṇakarmaṇām

dravyaṃ kāraṇaṃ sāmānyam.）

sāmānya と samāna とは同義語である。〔つまり、この場合の sāmānya という語は「普遍」という意味ではない。〕

地などは〔実体・性質・運動の〕共通の原因（＝質料因）である。虚空などはただ性質のみの原因であるけれども、それぞれ二つ以上の性質を有するから、虚空などは性質にたいして共通の原因（＝質料因）である。意と最終的な全体としての実体は、性質と運動の共通の原因（＝質料因）である。

〔スートラ一・一・一八〕性質も同様である。（tathā guṇaḥ.）

《実体は結合の〔共通の原因である〕》（スートラ一・一・二五）・《火との結合によって別の性質が現れるから》（スートラ七・一・五、六）・《自己との結合と内的努力によって手に運動が生ずる》（スートラ五・一・一）という文章によって分かるように、結合のみが実体・性質・運動の共通の原因であり、他の性質はそうではない。すなわち、綿の塊には、速力を有する綿との結合によって運動が生じ、二綿体という実体が生じ、そしてそこには大性という量が生じ、他の性質もしかるべきように生ずる。

〔スートラ一・一・一九〕運動は結合と分離の〔共通の原因である〕。（saṃyogavibhāgānāṃ karma.）

〔運動は、〕みずからの拠り所を分離させ、別の拠り所と結合させる。このゆえに、運動は結合と分離の共通の原因である。

〔解説〕

例えば、人差し指に生じた運動は、人差し指と虚空の場所との分離を生じ、人差し指と中指との結合を生じます。また、二指体の内の人差し指に生じた運動は、人差し指と中指との分離を生じ、人差し指と新たな虚空の場所との結合を生じます。

〔スートラ一・一・二〇〕〔運動は〕実体の〔原因では〕ない。〔運動と実体は〕肯定的因果関係にないからである。（na dravyāṇāṃ vyatirekāt.）

まことにもし仮に運動が実体の原因であるとしても、〔運動は〕結合を作った後に消滅する。他方、運動が消滅したとき、結合のみが認識されるから、我々は「運動は実体の原因ではない」と考える。

〔解説〕
例えば、人差し指に生じた運動は、人差し指と中指との結合を作った後、消滅します。人差し指と中指との結合により二指体が生じます。ゆえに、二指体という実体は、人差し指と中指との結合の結果であり、運動の結果ではありません。

〔スートラ一・一・二二〕〔運動は、〕性質とは異なったものであるから、運動の〔原因では〕ない。
(guṇavaidharmyān na karmaṇām.)

重さ・流動性・揺さぶり・打撃・結合したものへの結合は、みずからの拠り所と他のものの拠り所において運動の原因である。他方、内的努力と不可見力（＝功徳と罪障）は、他のものの拠り所においてのみ〔運動の原因である〕。その内、まず、運動はみずからの拠り所において運動の原因ではない。なぜなら、〔もしそうだとすると、〕運動を有しない〔静止している〕実体が認識されないという論理的過失が付随するからである。また、〔運動は〕他のものの拠り所において〔運動の原因では〕ない。なぜなら、まさに〔運動の拠り所と〕それ（＝他のものの拠り所）との結合によってこそ、〔運動は〕消滅してしまうからである。それゆえ、運動の原因である性質とは異なったものであるから、運動は運動の原因ではない。

〔解説〕

水中で手に握った石を離すと、石の重さによって石が運動し、ついでに石に触れる水も運動します。つまり、石の重さは、みずからの拠り所である石と、他のものの拠り所である水において運動の原因となります。

水を湛えた池の堰が切られますと、水の流動性によって水が運動し、ついでに水に触れる小石も運動します。つまり、水の流動性は、みずからの拠り所である水と、他のものの拠り所である小石において運動の原因となります。

足で泥を押し分けると、足の揺さぶり（nodana）によって足が運動し、ついでに足に触れる泥も運動します。つまり、足の揺さぶりは、みずからの拠り所である足と、他のものの拠り所である泥において運動の原因となります。

杵で臼を搗いたとき、杵と臼との打撃（abhighāta）によって杵が跳ね上がりの運動をし、ついでに杵を握っている手も跳ね上がりの運動をします。つまり、杵と臼との打撃は、みずからの拠り所である杵と、他のものの拠り所である手において運動の原因となります。

鉄球三つをくっつけて置いておき、右の鉄球に揺さぶりを与えますと、中と左の鉄球に運動が生じます。これは、揺さぶりを与えられた右の鉄球（＝結合した右の鉄球）との結合とにより、中の鉄球に運動が生じ、それがまた左の鉄球にも運動を生ずるということです。つまり、結合したものへの結合は、みずからの拠り所である中の鉄球と、他のものの拠り所である左の鉄球において運動の原因となります。

内的努力と不可見力は自己の固有の性質です。自己は運動を有しない実体です。ですから、それらがみずからの拠り所である自己に運動を起こすことはありません。かならず、他のものの拠り所において運動を起こすのです。

運動がみずからの拠り所において運動の原因であるとしますと、その拠り所は永遠に運動を止めることがありません。すなわち、もしそうだとすると、そのみずからの拠り所である実体は永遠に静止しないことになります。これは不合理です。

運動が他のものの拠り所において運動の原因であるとしますと、例えば落下する小石が手によって受け止められますと、つまり落下運動のみずからの拠り所である小石と他のものの拠り所である手とが結合しますと、落下運動は消滅します。

〔スートラ一・一・二三〕 実体は実体（複数）の共通の結果である。(dravyāṇāṃ dravyaṃ kāryaṃ sāmānyam.)

実体は、同種の二つあるいは三つ以上の実体の共通の結果である。例えば、布は多くの糸の共通の結果であるがごとくである。

〔スートラ一・一・二三〕数二を始めとする数と〔二別異性を始めとする〕別異性と結合と分離は〔実体（複数）の共通の結果である〕。（dvitvaprabhṛtayaś ca saṅkhyāḥ pṛthaktvaṃ saṃyogavibhāgāś ca.）

数二は二つの実体の共通の結果であり、数三は三つの実体の共通の結果であり、云々。二別異性なども同様である。結合は、結合しつつある二つの実体の〔共通の結果であり〕、分離は、分離しつつある二つの実体の〔共通の結果である〕。以上のものは二つ以上〔の実体〕を拠り所としているから共通なのである。

〔解説〕

数二にたいしてそれが拠る二つの実体は質料因です。ですから、数二は共通の結果であるといわれます。以下同様です。

〔スートラ一・一・二四〕〔二つ以上の実体に〕内属していないから、〔実体（複数）の〕共通の結果としての運動は存在しない。（asamavāyāt sāmānyaṃ karma kāryaṃ na vidyate.）

二つ以上の実体に一つの運動が内属することは否定されるから、運動は、二つあるいは三つ以上の実体の共通の結果ではない。

〔スートラ一・一・二五〕 実体は結合（複数）の〔共通の結果である〕。（saṃyogānāṃ dravyam.）

実体は、二つあるいは三つ以上の非質料因である結合の共通の結果である。例えば、布が糸の結合（複数）の共通の結果であるごとくである。

〔スートラ一・一・二六〕 色は色（複数）の共通の結果である。（rūpāṇāṃ rūpam.）

結果としての実体を拠り所とする色は、二つあるいは三つ以上の原因〔としての実体〕の色の共通の結果である。例えば、水がめの色は半片の色の共通の結果である。味などについても同様である。

〔スートラ一・一・二七〕 上昇は、重さ・内的努力・結合の〔共通の結果である〕。（gurutvaprayatnasaṃyogānām utkṣepaṇam.）

太陽光線は重さがないから、山はそのような内的努力を持たないから、土塊は手と結合していないから、上昇が生じない。それゆえ、上昇は、重さなどの共通の結果である。

〔スートラ一・一・二八〕結合と分離は、運動（複数）の〔共通の結果である〕。(saṃyogavibhāgāḥ karmaṇām.)

両方の運動により生ずる結合と分離とは、運動（複数）の共通の結果である。

〔解説〕

結合には、一方の運動により生ずる結合（ekararmaja）と、両方の運動により生ずる（ubhayakarmaja）結合と、結合より生ずる（saṃyogaja）結合とがあります。同様に、分離には、一方の運動により生ずる分離と、両方の運動により生ずる分離と、分離より生ずる（vibhāgaja）分離とがあります。

〔スートラ一・一・二九〕原因の共通性〔が述べられた個所〕において、運動は実体と運動の原因ではないといわれた。ゆえに〔実体と運動は運動の共通の結果ではない〕。(kāraṇasāmānye dravyakarmaṇāṃ karmākāraṇam uktam iti.)

実体などの共通の原因が述べられた個所において、運動は実体と運動の原因ではないといわれたから、それら（＝実体と運動）もまたこれ（＝運動）の共通の結果ではないことになる。

以上のように、実体と性質と運動が多様であることが確定された。

第一章　第二日課

〔スートラ一・二・一〕原因がなければ結果はない。(kāraṇābhāvāt kāryābhāvaḥ.)

「結果」「原因」という語が先に述べられた。それを説明するためにいわく。

糸などという質料因がなければ、あるいは糸の結合という非質料因がなければ、布などという結果としての実体は生じない。甲が消滅すると乙が消滅する場合、甲が原因で乙が結果である。

〔解説〕

西暦紀元後五世紀初めの『勝宗十句義論』以降の肯定的・否定的因果関係確定法(anvayavyatireka)によれば、甲があるとき乙があり、甲がなければ乙がないということが確認されれば、甲が原因で乙が結果であることが確定されるとされます。

〔スートラ一・二・二〕しかし、結果がないならば原因はないということはない。(na kāryābhāvāt kāraṇābhāvaḥ.)

さらには、布などという実体が発生しないときに、糸(複数)と糸どうしの結合が発生しないということはない。

すでにことのついでに普遍などの三つのカテゴリーが言及された。今度は、その内、普遍を説くのである。

〔スートラ一・二・三〕 普遍・特殊というのは知識を待つ。（sāmānyaṃ viśeṣa iti buddhyapekṣam.）

さまざまな個体に随伴しているものについて「〔これは〕牛である」「〔あれは〕牛である」という知識を待った後、そしてそれらから互いに排除しつつあるものについて「これはそれとは異なる」という〔知識が生ずる〕。その随伴の知識を待つのが普遍であり、排除の知識を待つのが特殊である。

〔スートラ一・二・四〕 有性は普遍のみである。（bhāvaḥ sāmānyam eva.）

存在性、つまり有性は普遍のみである。実体などの三つ〔のカテゴリー、つまり実体・性質・運動〕のすべてに随伴するものだからである。それは特殊ではない。

〔解説〕

有るもの（sat）とされるのは、狭義の「もの」、つまり実体と性質と運動です。すべてのカテゴリーは実在する（asti）ので、実体・性質・運動は、実在し、かつ有るものとされ、それ以外のカテゴリーは実在するとしてのみ捉えられます。狭義の「もの」（artha）は、「求められるもの」を原義とします。牛（実体）を求めたい、それも白い（性質）のを求めたい、そしてその牛には歩いて（運動）もらいたいということはありますが、普遍や特殊や内属などを求めるということはありません。その有るものに内属する普遍が有性（sattā）で、普遍のみから成り、排除の原理、つまり特殊をまったく含みません。ですから、有性は普遍のカテゴリーの最高位に位置づけられる最高の普遍だということになります。

〔スートラ一・二・五〕実体性と性質性と運動性とは普遍かつ特殊である。（dravyatvaṃ guṇatvaṃ karmatvaṃ ca sāmanyāni viśeṣāś ca.）

地などについて「〔これは〕実体である」「〔あれは〕実体である」という随伴の知識が生ずる。色などについて「〔これは〕性質である」「〔あれは〕性質である」という随伴の知識が生ずる。上昇などについて「〔これは〕運動である」「〔あれは〕運動である」という随伴の知識が生ずる。というわけで、〔そうした随伴の知識を待つ〕実体性・性質性・運動性は普遍であるが、同時に互いに排除し合うから特殊でもある。

〔スートラ一・二・六〕究極の特殊を除く。（anyatrāntyebhyo viśeṣebhyaḥ.）

同じ形態と性質を有している常住の実体である原子や虚空などに内属関係によって存しているものは、「これとそれとは別物である」という絶対的な排除の知識の原因であり、それを見る者に特殊を認識させるので、特殊である。以上のように特殊が説明された。

〔解説〕

以上をまとめますと、『ヴァイシェーシカ・スートラ』は、普遍（最高の普遍）と普遍かつ特殊と特殊（究極の特殊）の三つを独立のカテゴリーとして扱っていることが分かります。実際、西暦紀元後五世紀初めの『勝宗十句義論』は、この考えを踏襲しています。しかし、それよりも百年後に出たプラシャスタパーダは、普遍と特殊の二つのみを独立のカテゴリーとして扱います。プラシャスタパーダは、普遍を上位と下位とに分け、上位の普遍は有性、下位の普遍は実体性など、特殊は究極の特殊とします。プラシャスタパーダがそのような分類に変更したのは、おそらく、**sāmānyaviśeṣa** という語が出てきたとき、それが「普遍と特殊」を指すのか、「普遍かつ特殊」を指すのか分かりにくいという理由によったのではないかと思います。

他方、有性について。

〔スートラ一・二・七〕実体・性質・運動〔のすべて〕について「有る」という〔知識〕が拠って来るところのもの、〔それが有性である〕。(sad iti yato dravyaguṇakarmasu.)

実体などの異なる三つ〔のカテゴリー〕について「〔これは〕有る」「〔あれは〕有る」という知識が生ずるゆえんのもの、それが有性である。

〔問い〕その拠り所が消滅すれば有性は消滅するのではないか。

〔答え〕そうではない。なぜなら、

〔スートラ一・二・八〕有性は実体・性質・運動とは別物である。(dravyaguṇakarmabhyo 'rthāntaraṃ sattā.)

有性は実体などとは異なるから、〔その拠り所である〕実体などが消滅しても消滅しない。

〔有性が〕実体などと異なることの論証。

〔スートラ一・二・九〕〔有性は、〕一つの実体を〔拠り所として〕有するものであるから実体ではない。（ekadravyavattvān na dravyam.）

原子や虚空などの実体は実体を〔拠り所として〕有しない。なぜなら、〔その〕原因となる実体がないからである。あるいはまた、水がめなどは二つ以上の実体を〔拠り所として〕有する。なぜなら、〔水がめなどは、〕質料因に当たる実体と結びついているからである。これにたいして、有性は一つ一つ〔の実体〕に遍満して存しており、一つの実体を〔拠り所として〕有するものであるから、実体ではない。

〔解説〕

実体には、実体を拠り所として有しないもの（ekadravya）と二つ以上の実体を拠り所として有するもの（anekadravya）との二種類しかありません。前者は地・水・火・風の原子と虚空と時間と空間と自己と意です。後者は、水がめなど、地・水・火・風の結果としての実体です。

〔スートラ一・二・一〇〕また、〔有性は、〕性質と運動とに存在するから、運動でも性質でもない。（guṇakarmasu ca bhāvān na karma na guṇaḥ.）

性質は性質に存しないから、また運動は運動に存しないから、そして有性は性質と運動に存するから、有性は性質・運動ではない。

〔スートラ一・二・一一〕また、〔有性には〕普遍と特殊がないから、〔有性は実体・性質・運動ではない〕。(sāmānyaviśeṣābhāvāc ca.)

もしも有性が実体・性質・運動のいずれかであるとするならば、実体などにおけるのと同様に、有性においても実体性などの普遍かつ特殊が存するであろうが、そのようなことはない。したがって、有性は実体・性質・運動ではない。

〔スートラ一・二・一二〕実体性は一つの実体を〔拠り所として〕有するから、〔実体ではない〕といわれたことになる。(ekadravyavattvena dravyatvam uktam.)

有性が一つ一つの実体に全面的に(=遍満して)存するから実体ではないように、実体性も一つの実体を〔拠り所として〕有するから、実体ではない。

〔スートラ一・二・一三〕また、〔実体性などには〕普遍と特殊が存在しないから、〔実体性などは実体ではない〕。（sāmānyaviśeṣābhāvena ca.）

もしも実体性が実体あるいは性質あるいは運動であるならば、実体などにおけるのと同様に、実体性などの内の実体性に何らかの普遍や特殊が存することになろう。〔しかし、そのようなことはない。〕したがって、実体性などは実体ではない。

〔スートラ一・二・一四〕性質性は、性質に存在するから〔性質ではない〕といわれたことになる。（guṇe bhāvād guṇatvam uktam.）

性質は性質に存せず、かつ性質性は性質に存する。したがって〔性質性は〕性質ではない。

〔スートラ一・二・一五〕また、〔性質性には〕普遍かつ特殊が存在しないから、〔性質性は実体でも運動でもない〕。（sāmānyaviśeṣābhāvena ca.）

もしも性質性が実体あるいは運動であるならば、性質性には、実体性あるいは運動性という普遍かつ特殊が存するであろう。しかし、そのようなことはない。したがって、性質性は実体でも運動でもない。

〔スートラ一・二・一六〕運動性は運動に存在するから〔運動ではない〕といわれたことになる。（karmaṇi bhāvāt karmatvam uktam.）

運動性は運動に存し、かつ運動は運動に存しないから、運動性は運動ではない。

〔スートラ一・二・一七〕また、〔運動性には〕普遍かつ特殊が存在しないから、〔運動性は実体や性質ではない〕。（sāmānyaviśeṣābhāvena ca.）

もしも運動性が実体あるいは性質であるならば、運動性には実体性あるいは性質性があることになろう。〔しかし、そのようなことはない。〕したがって、運動性は実体でも性質でもない。

〔スートラ一・二・一八〕「有る」ということの標印に区別はないから、また特別な標印がないから、存在性（＝有性）は一つである。（salliṅgāviśeṣād viśeṣaliṅgābhāvāc caiko bhāva iti.）

「一つ」という語によって「無区別」が語られているのであって、数が語られているのではない。「〔これによって標印づけられる（＝印づけられる）」ところのものが標印、すなわち観念である。「〔これは〕有る」「〔あれは〕有る」という観念、すなわち標印によって有性が知られるところのその標印はあらゆる場合に無区別であるから、また、特別な観念が存在しないから、有性は無区別である。

第二章　第一日課

以上で実体などが多様であることが確定され、地などが実体の特質という点では区別されないから無区別であることが理解されたので、今度は特質の違いによって〔地などの〕非共通性を説くのである。

〔スートラ二・一・一〕地は色・味・香・触を有する。(rūparasagandhasparśavatī pṛthivī.)

これら色・味・香・触は地の固有の性質であるが、他にも〔地には〕数・量・別異性・結合・分離・かなた性・こなた性・重さ・原因により生ずる流動性・潜在的印象〔という性質〕がある。色は白いなどであり、味は甘いなどであり、香は芳香・悪臭であり、地の触は非熱非冷でありかつ燃焼より生ずるものである。〔地の〕結果は、外的なものと個体に関わるものとである。

〔解説〕
外的な結果というのは、外的な認識対象のことで、個体に関わる結果というのは身体と感官のことです。この世界(=地界)における身体は地より成ります。また、地より成る感官は鼻(嗅覚器官)です。

〔スートラ二・一・二〕水は色・味・触を有し、流動的であり、粘着的である。(rūparasasparśavatya

āpo dravāḥ snigdhāś ca.〕

色は白のみ、味は甘のみ、触は冷のみである。「流動的である」とは、本然的な流動性のことを指す。「粘着的である」とは、水のみが持つ粘着性のことを指す。〔以上の水に固有の性質の他に、水には〕数・量・別異性・結合・分離・かなた性・こなた性・重さ・潜在的印象〔という性質がある〕。〔水の〕結果は先の通り。

〔解説〕

水の結果は、認識対象・水界の生きものの身体・水より成る舌のことです。

〔スートラ二・一・三〕火は色・触を有する。〔tejo rūpasparśavat.〕

〔火の〕色は光輝と白とであり、触は熱のみである。〔以上の火に固有の性質の他に、火には〕数・量・別異性・結合・分離・かなた性・こなた性・原因により生ずる流動性・潜在的印象〔という性質がある〕。〔火の〕結果は先の通り。

〔解説〕

火の結果は、認識対象・火界の生きものの身体・火より成る眼のことです。

〔スートラ二・一・四〕風は触を有する。（vāyuḥ sparśavān.）

〔風の〕触は非熱非冷であり、かつ燃焼より生ずるものではない。〔以上の風に固有の性質の他に、風には〕数・量・別異性・結合・分離・かなた性・こなた性・重さ・潜在的印象〔という性質がある〕。〔風の〕結果は先の通り。

地界などにおいて地より成る身体がある。

〔解説〕

風の結果は、認識対象・風界の生きものの身体・風より成る皮膚のことです。

〔スートラ二・一・五〕それら（＝色・味・香・触）は虚空には存在しない。（ta ākāśe na vidyate.）

それら、すなわち色・味・香・触は虚空にはない。虚空の性質は、音声・数・量・別異性・結合・分離である。

〔スートラ二・一・六〕地的なものである乳酪・樹脂・蠟の、火との結合による流動性は水と同じである。（sarpirjatumadhūcchiṣṭānāṃ pārthivānāṃ agnisaṃyogād dravatā adbhiḥ sāmānyam.）

蠟とは蜜蠟のことである。乳酪・樹脂・蠟の、火との結合によって生ずる流動性は、地と水とで同じである。

〔解説〕
乳酪・樹脂・蠟は、常温では固体ですが、熱を加えられると流動的になります。つまり、地の流動性は、原因により生ずるもの（naimittika）です。これにたいして水の流動性は本然的なもの（sāṃsiddhika）です。

〔スートラ二・一・七〕火的なものである錫・鉛・鉄・銀・金の、火との結合による流動性は水と同じである。（trapusīmaloharajatasuvarṇānāṃ taijasānāṃ agnisaṃyogād dravatādbhiḥ sāmānyam.）

また、火的なものであるこれらの、火との結合によって生ずる流動性は、火と水とで同じである。

〔解説〕

インドでは、金属は火の元素より成ると考えられています。金属は、常温では固体ですが、熱を加えられると流動的になります。この火の流動性は原因により生ずるものです。

〔スートラ二・一・八〕角を有し、〔肩に〕瘤を有し、末尾に毛を有し、垂肉を有するというのが、〔そのものが〕牛であることの目に見える標印である。（viṣāṇī kakudmān prāntevāladhiḥ sāsnāvān iti gotve dṛṣṭaṃ liṅgam.）

このスートラは喩例〔の説明〕を目的としている。「牛」というのは、牛性によって限定された個物である。「角と瘤と垂肉とがこれにはある」というのが「角を有し」「瘤を有し」「垂肉を有する」ということである。「末尾」という語によって「尻」が意味される。「尻に毛が置かれている」を原義とする「毛の配置」という語によって「尾」が意味される。「これには末尾に毛の配置がある」ということが「末尾に毛を有する」ということである。「角を有する」などという、牛を知らしめる語によっても、意味の機能によって他ならぬ属性が表示される。

〔解説〕

これから、風は知覚されることなく、推論される存在であることが説明されます。推論（anumāna）

の手がかりは標印（liṅga）、つまり平たくいえば知覚される目印です。推論は標印を手がかりとして成立しますので、しばしば「標印によるもの」（laiṅgika）とも呼ばれます。

知覚されない牛という個物を、何らかの仕方で捉えられている角などという目に見える標印が推論せしめるものであるのと同様に、

〔スートラ二・一・九〕また、触は〔風を推論せしめるものである〕。（sparśaś ca.）

知覚されている触は、拠り所を有しないものにはあり得ないので、風を推論せしめる。

〔スートラ二・一・一〇〕また、〔風の触は〕目に見えるものの触ではないから、風は目に見えないものを標印とする。（na ca dṛṣṭānāṃ sparśa ity adṛṣṭaliṅgo vāyuḥ.）

実に、もしもこの〔触〕が地などの触であるならば、それを我々は香・味・色とともに知覚するであろう。しかし、そのようなことはない。それゆえ、〔この触は、〕地などとは異なる風の標印である。

〔解説〕

以下、風の特質が語られます。風は目に見えませんから、色々と議論があるのです。

〔スートラ二・一・一一〕〔風の原子は〕実体を〔拠り所として〕有しないから実体である。（adravyavattvād dravyam.）

原子を本性とする風は、実に実体を〔拠り所として〕有しないから、つまり質料因を欠いているから、実体である。すなわち、実体には、実体を〔拠り所として〕有しないものと二つ以上の実体を〔拠り所として〕有するものとがあるということである。

〔スートラ二・一・一二〕運動を有するから、また性質を有するから、〔風は実体である〕。（kriyāvattvād guṇavattvāc ca.）

《運動を有し、性質を有し》（スートラ一・一・一四）という実体の特質（＝定義）により、運動と性質がそこに内属している大なる風も実体である。

〔スートラ二・一・一三〕〔原子を特質とする風は〕実体を〔拠り所として〕有しないから、常住で

あるといわれたことになる。（adravyavattvena nitiyatvam uktam.）

原子を特質とする風は実体を〔拠り所として〕有しないから、つまり質料因を欠いているから、常住であるといわれたことになる。

〔スートラ二・一・一四〕風が風とぶつかり合うことが、〔風が〕多様であることの標印である。（vāyor vāyusammūrcchanaṃ nānātve liṅgam.）

ジグザグに吹く風が風とぶつかり合うことによって、つまり風と結びつくことによって、〔風の〕上方への進行が生ずる。上方への進行から〔風と風との〕結びつきが推論され、その結びつきから風が多数であることが推論される。

反論（1）が次に述べられる。

〔スートラ二・一・一五〕〔皮膚と風とが〕接触したときに「〔これは〕風である」という知覚がないから、〔風には〕目に見える標印が存在しない。（vāyur iti sati sannikarṣe pratyakṣābhāvād dṛṣṭaṃ liṅgaṃ na vidyate.）

〔反論者（1）いわく。〕牛と眼とが接触したときに、「これは牛である」という知覚によって、角などが牛と結びつくものとしてときとして目に見える標印となるのであるが、〔風の場合には〕そのようにはいかない。すなわち、皮膚と風とが接触したときに、「これは風である」という知覚によってその〔風の〕性質として触が知覚され、その触によって、知覚されていない風をときとして推論せしめるということはない。

〔それへの反論者（2）いわく。〕風の触は地などの触とは異なるから、〔また、〕拠り所のない触は存在しないから、風がその拠り所である。

〔スートラ二・一・一六〕〔反論者（2）への反論者（1）いわく。〕また、〔虚空などにも〕**共通して見られるから、〔風の触は〕特殊なものではない。**（sāmānyato dṛṣṭāc cāviśeṣaḥ.）

虚空なども目に見えないから、すなわちこれと共通に見られるから、それを否定して「風にこそこの触がある」というような特殊性は理解されない。「〔虚空などの〕遍在するものが触を有することには障りがある」というならば、この触が、確定されておらず、かつ第十番目の実体ではない風のものに他ならないということは、どのようにして知られるのか。

臨川書店の

新刊図書

2009/7～8

第1回配本・7月下旬発売！

高田時雄 解説

銅版画複製 乾隆得勝圖

全6回配本 全7種80枚

■原寸（約645×473㎜）・二ツ折・函入・付別冊解説

第1回配本『平定西域戰圖』（全18枚）一八九、〇〇〇円

A・スタイン 発掘／F・H・アンドリューズ 編集・解説

中央アジア古代仏堂壁画

Wall Paintings from Ancient Shrines in Central Asia

■（図版）635×510㎜・32枚・秩入
（解説本）A4版並製・本文164頁・英文
八四、〇〇〇円

宮元啓一 訳・註

ヴァイシェーシカ・スートラ

―古代インドの分析主義的実在論哲学

■四六判上製・約264頁
二、七三〇円

ロケッシュ・チャンドラ 編

蔵梵辞典 補遺

Tibetan-Sanskrit Dictionary Supplementary Volume (Compact edition)

■168×124㎜・コンパクト版・特製擬革装・2150頁
二五、七二五円

丸山健夫 著

ペリーとヘボンと横浜開港

―情報学から見た幕末

■四六判上製・約300頁
予価 二、一〇〇円

高田時雄 編

漢字文化三千年

■菊判上製・約360頁
六、三〇〇円

曽布川寛他 著

ソグド人の美術と言語

■A5判上製・約270頁
予価 三、五〇〇円

田中良昭・椎名宏雄・石井修道 監修

唐代の禅僧

〈雪峰 せっぽう〉 鈴木哲雄 著

第6回配本 第9巻

■四六判上製・約290頁
二、九四〇円

日本ヘルマン・ヘッセ友の会・研究会 編・訳

ヘルマン・ヘッセ エッセイ全集

省察Ⅲ（自作を語る・友らに宛てて）

第3回配本 第3巻

■四六判上製・388頁
三、六七五円

●各書目の詳細は中面をご覧下さい

臨川書店

呈出版目
表示価格は税

本社／〒606-8204 京都市左京区田中下柳町8番地 ☎075-721-7111 FAX075-781-6
東京／〒101-0062 千代田区神田駿河台2-11-16 さいかち坂ビル ☎03-3293-5021 FAX03-3293-5
E-mail（本社）kyoto@rinsen.com （東京）tokyo@rinsen.com http://www.rinsen.com

宮元啓一 訳・註〈カナーダ編・チャンドラーナンダ註〉

ヴァイシェーシカ・スートラ
―古代インドの分析主義的実在論哲学

古代インド哲学ヴァイシェーシカ学派の根本教典**『ヴァイシェーシカ・スートラ』**を、現存最古の註釈書を元に読み解く。全体の構成がわかりにくく難解とされてきた『ヴァイシェーシカ・スートラ』を、最古の註釈書、チャンドラーナンダの解釈によって、スートラの全編を理解しようと試みる。随所に訳者註釈を加え、これまで紹介される機会がなかったインドの**実在論哲学書**の、**初めての現代語訳註**が完成！

■四六判・上製・約264頁　定価二、七三〇円

ISBN 978-4-653-04037-8

ロケッシュ・チャンドラ 編

蔵梵辞典 補遺
Tibetan-Sanskrit Dictionary Supplementary Volume〈Compact edition〉

一九六一年に刊行され、権威ある辞書として今なお世界中の研究者に活用されている**ロケッシュ・チャンドラ**編**『蔵梵辞典』**。本書は同氏の編集により、その**補遺版**として一九九二年～一九九四年にかけて刊行されたものである。この補遺版全7冊を**ハンディで使い易いコンパクトサイズ1巻本**として完全複製。圧倒的な語彙数で知られる『蔵梵辞典』をさらに補完するものとして、西蔵語―梵語の充実したシソーラスとなるだろう。

■168×124㎜・コンパクト版・特製擬革装・2150頁　定価二五、七二五円
＊『チャンドラ編 蔵梵辞典』(二五、七二五円)も好評発売中！

ISBN 978-4-653-03930-3

高田時雄 編

漢字文化三千年

本書は京都大学二十一世紀COEプログラム「東アジア世界の人文情報學研究教育據點」主催の國際シンポジウム「漢字文化三千年」(二〇〇七年)の発表に改訂を加えた、第一線の研究成果である(外国語は和訳)。「**漢字のはじまり―東アジア古代の文字使用**」、「**木簡が語る漢字學習―役人は漢字をどう學んだか**」、「**漢字のシルクロード―敦煌から正倉院へ**」、「**藏書が開いた近世―宋版の役割**」の四部構成。

N 978-4-653-04066-8

田中良昭・椎名宏雄・石井修道 監修
鈴木哲雄 著

雪峰（せっぽう）

祖師禅を実践した教育者

唐代の禅僧〈全12巻〉
第6回配本 第9巻

峰。巧みな弁舌で一世を風靡した趙州に対し、雪峰は玄沙・雲門を始め多くの著名な弟子を輩出した教育者であった。雪峰の弟子たちは福建から全国に広がり、五代から北宋の時代に大活躍した。後代に大きな影響を与えたその生涯と弟子との問答、弟子たちの活躍に加え、禅の大きな流れも視野に入れ書き下ろす渾身の一書。〈第6巻『趙州』第11巻『雲門』好評発売中！〉

■四六判上製・約290頁　定価二、九四〇円

ISBN 978-4-653-03999-0（第
ISBN 978-4-653-03990-7（セ

丸山健夫 著

ペリーとヘボンと横浜開港

―情報学から見た幕末

横浜開港150年を迎える今年、横浜開港を軸として、ペリーとヘボンの来航にまつわるエピソードから当時の対外交流事情を明らかにする。辞書や通訳についてなど、対外交流にまつわる多岐にわたる逸話の面白さもさることながら、その逸話の一点一点が、思わぬところで繋がって線を結ぶ面白さは他に類を見ない。本書は**情報学という視点から幕末を語る**新しい試みであり、知的好奇心を刺激する一冊である。

■四六判上製・約300頁　予価二、一〇〇円

ISBN 978-4-653-04035-4

日本ヘルマン・ヘッセ友の会・研究会 編・訳

ヘルマン・ヘッセ エッセイ全集

第3回配本 第3巻

省察Ⅲ（自作を語る・友らに宛てて）

第3巻は、初期から晩年までの自作について書いた文章を集めた「**自作を語る**」と、第二次世界大戦直後の一九四六年からヘッセが亡くなる一九六二年までの間に、健康上の理由、第二次世界大戦直後の郵便事情などの諸事情で個々に書けない手紙の代わりとして新聞等に発表した一種の公開書簡を集めた「**友らに宛てて**」を収録する。ヘッセの自作への思い、自作にまつわるエピソード、また晩年のヘッセの生活や思索がわかる一冊。

■四六判上製・388頁　定価三、六七五円

ISBN 978-4-653-04053-8（第3巻）
ISBN 978-4-653-04050-7（セット）

高田時雄 解説

銅版画複製 乾隆得勝圖 全6回配本 全7種80枚

清朝の文化・軍事の絶頂期を統治した**乾隆**が、中央アジア征服を自祝するために制作し王侯や功臣に下賜した稀少な戦図群(**西域・両金川・安南・台湾・苗彊・狆苗・廓爾喀**)を、ロシア科学アカデミー東洋写本研究所等の蔵品により原寸大で複製刊行する。第一回配本は、「**平定西域戰圖**」。カスティリオーネなど宮中の西洋画家の下絵をフランスで刷った十八枚からなる銅版画で、東西文化交流史上まれに見る珍品として世に名高い。

■原寸大・(約645×473㎜)二ツ折・函入・付別冊解説

第1回配本『平定西域戰圖』(全18枚) 定価 一八九、〇〇〇円

＊第2回配本以降の価格・詳細はお問合せ下さい

ISBN 978-4-653-04070-5 (セット)
ISBN 978-4-653-04071-2 (平定西域戰圖)

A・スタイン 発掘／F・H・アンドリューズ 編集・解説

中央アジア古代仏堂壁画

Wall Paintings from Ancient Shrines in Central Asia

イギリスの探検家**オーレル・スタイン**が**中央アジア(タクラマカン砂漠周辺)**探検時に発見したベゼクリク、ミーランなど有名遺跡の壁画を中心に編成された**豪華図録**(一九四八年・Oxford Univ.刊)を原寸大で復製。スタインの友人アンドリューズが著した詳細解説本をも付す。考古学・仏教美術の貴重資料。

■(図 版) 原寸大(635×510㎜)・32枚(内カラー12枚)・帙入
(解説本) A4判並製・本文164頁・英文

定価 八四、〇〇〇円

ISBN 978-4-653-04080-4

曽布川寛 他編

ソグド人の美術と言語

漢唐時代、シルクロードの東西文化交流の担い手となっていたソグド人とはいったい何者だったのか。中央アジアのソグディアナを根拠地として交易の民として栄えたソグド人の実態を、中国で近年発見されたソグド人墓の屏風画像、サマルカンドの宮殿壁画、唐代の人々があこがれたソグド金銀器、当時の生活・文化のありようを如実に語るソグド語文献などを通して探る。

■A5判上製・約270頁

予価 三、五〇〇円

ISBN 978-4-653-04049-1

〔反論者（1）の主張。〕

〔スートラ二・一・一七〕したがって、〔風が存在するという文章は〕伝承による。（tasmād āgamikam.）

したがって、風が存在するという文章は伝承による、つまり単なる世間の風評に過ぎないという意味である。

〔スートラの作者いわく。〕そうではない。

〔スートラ二・一・一八〕他方、我々よりも勝れた人々の命名の行為が、〔風が存在することの〕**標印である。**（saṃjñākarma tv asmadviśiṣṭānāṃ liṅgam.）

我々などよりも知識などによって勝れた幸あるお方である最高神による命名の提示が、実体が九つのみであることの標印である。第十番目〔の実体〕の名称は述べられていないからである。それゆえ実体は九つのみである。このゆえに風にこそ触がある。「我々よりも勝れた人々」〔と複数形が用いられているが、これは〕尊敬の複数である。

そのことはどのようにして知られるのかといえば、

〔スートラ二・一・一九〕 命名の行為は知覚にもとづくからである。（pratyakṣapūrvakatvāt saṃjñākarmaṇaḥ.）

すなわち、知覚によってものを観じている人々が命名を提示する。そしてこれは子供の命名式において見られることである。また、実にこれらの命名は提示されたのである。それゆえ我々は、「我々よりも勝れた幸あるお方が存在し、そのお方が、我々には見えないものをも知覚により見、そのお方によって命名が提示されたのである」と考える。

〔解説〕

風をめぐる議論は以上で終わり、以下、虚空をめぐる議論に入ります。

〔反論者いわく。〕

〔スートラ二・一・二〇〕 出ること・入ることは、虚空の標印である。（niṣkramaṇaṃ praveśanam ity ākāśasya liṅgam.）

人がこうして出たり入ったりすることは、門などによってあるのであって、壁などにおいてあるのではない。それは虚空のなせるところである。このゆえに、出ること・入ることは虚空の標印である。なぜなら、虚空は中身のつまったものではない存在だからである。

〔スートラの作者いわく。〕

そうではない。

〔スートラ二・一・二二〕それは〔虚空の〕標印ではない。なぜなら、運動は一つの実体を〔拠り所として〕有するものだからである。（tad aliṅgam ekadravyavattvāt karmaṇaḥ.）

出ることなどという運動は人に存しているのであり、運動は一つの実体を〔拠り所として〕有するものであるといわれているから、また、虚空は運動を有しないから、そうした運動が虚空に存することはない。〔出ることなどの運動と虚空とは〕関係がないのであるから、どうしてそのようなことが理解できようか。

土塊に存する落下運動が重さの標印であるのと同様に、人に存する出ることは虚空の標印ではないかというならば、そうではない。

〔スートラ二・一・二二〕また、〔虚空は〕別の原因（＝非質料因）との設定と異なるから、〔運動が虚空の標印となることはない〕。（kāraṇāntarānuklptivaidharmyāc ca.）

重さは運動の非質料因であるといわれている。〔したがって、重さは運動から〕推論されるべきである。しかし、虚空が非質料因であるということは、〔虚空が〕常住であること・実体であること・何ものにも依拠しないものであることと合致しない。なぜなら、虚空は、重さなどという非質料因とは異なるからである。

「また、出ることは、門などによって虚空のなせるところであるから」といわれたが、それは違う。

〔スートラ二・一・二三〕〔触を有する実体と運動の拠り所との〕結合により運動は存在しなくなる。（saṃyogād abhāvaḥ karmaṇaḥ.）

壁などという触を有する実体と身体などという運動の拠り所との結合により、出ることは止むが、それは虚空が存在しないからではない。虚空は遍在しているのであるから、そこにも存在する。したがって、虚空は音声のみを標印とするものである。

音声は太鼓などという〔音声の〕原因の性質であるというならば、そうではない。

〔スートラ二・一・二四〕 結果にある性質は原因の性質にもとづくと見られている。また、〔造られた音声の拠り所である〕別の結果が現れることがないから、音声は触を有するものの性質ではない。（kāraṇaguṇapūrvaḥ kārye guṇo dṛṣṭaḥ, kāryāntarāprādurbhāvāc ca śabdaḥ sparśavatām aguṇaḥ.）

一般に、触を有するものの固有の性質は、一つ一つの感官によって捉えられる。それらは原因の性質によって、結果において生ぜしめられる。また、太鼓の部分に色などが内属しているのとは違い、いかなる音声の部位も太鼓の部分に内属しているとは認められない。したがって、音声は原因の性質にもとづくことはないから、太鼓などという触を有するものの固有の性質ではない。また、触を有するものの固有の性質は、原因が存続する限り結果において認められていると見られているが、音声はそのようではない。それゆえ、音声は触を有するものの固有の性質ではない。また、触を有するものの固有の性質は、結果が造られるとき、原因の性質によって造られる。また、音声によって音声が造られるとき、我々は〔新しい音声の拠り所である〕いかなる結果が生ずることも見ない。したがって、また、〔新しく造られた音声の拠り所である〕別の結果が現れることがないから、音声は触を有するものの固有の性質ではない。

〔スートラ二・一・二五〕〔音声は〕別のところ（＝外部）に内属するから、また知覚されるから、自己の性質でも意の性質でもない。（paratra samavāyāt pratyakṣatvāc ca nātmaguṇo na manoguṇaḥ.）

「別のところに」とは「外部に」という意味である。実に、自己の性質は、楽などのように身体の内部において認識される。しかし、音声はそのようではない。なぜなら、音声は外部において多くの人によって認識されているからである。また、自己の性質は外的な感官によって捉えられることはない。これにたいして音声は耳によって知覚される。したがって、音声は自己の性質ではない。まさにこのゆえに、音声は外部において認識されているから、また、外的な感官によって知覚されるから、意の性質ではない。また、音声は耳によって知覚されるから、空間・時間の性質ではない。

したがって、性質でありつつ、

〔スートラ二・一・二六〕〔音声は〕虚空の標印である。（liṅgam ākāśasya.）

したがって、認識されつつある音声は虚空〔の存在〕を推測せしめる。

〔スートラ二・一・二七〕〔虚空が〕実体であること・常住であることは、〔原子としての〕風〔についての説明〕によって解明された。(dravyatvanityatve vāyunā vyākhyāte.)

原子としての風が、実体を〔拠り所として〕有しないから実体であり、かつ常住であるように、虚空は、原因となる実体がないから、実体であり、かつ常住である。

〔スートラ二・一・二八〕有性〔についての説明〕によって〔虚空が〕一つであることが〔解明された〕。(tattvaṃ bhāvena,)

有るという標印が無区別であるから、また、特別な標印が存在しないから存在性(＝有性)が一つであるのと同様に、音声という標印が無区別であるから、また特別な標印が存在しないから、虚空は一つである。

第二章　第二日課

「触を有するものの固有の性質は、結果としての実体が造られたときに別の性質を造る。これにたいして、音声は、実体が造られていないときに音声を造る」（スートラ二・一・二四への註）といわれたが、そこで、「花と衣によって別の実体が造られていなくとも、花の香は衣において別の香を造るから、同様にして〔火と水によって別の実体が造られていなくとも、火の〕熱は水において〔別の熱を造る〕のではないか」といわれたとして、それに答えていわく。

〔解説〕

触は、熱・冷・非熱非冷の三種類に分類されます。

〔スートラ二・二・一〕花と衣が接触したとき、別の香が現れることがないことが、衣に香がないことの標印である。（puṣpavastrayoḥ sati sannikarṣe gandhāntarāprādurbhāvo vastre gandhābhāvaliṅgam.）

実に、衣が花と結合したとき、花の香によって〔衣における〕香が造られることはない。衣の香もあり得るとすれば、花と衣の二つの香によって、異なる別の香が生ずるのを我々は知覚するであろうが、〔実際には〕そのようなことはなく、我々は花の香のみを知覚するのである。したがって、「結果〔としての実体〕が造られていないとき、花の香によって〔衣における〕香が造られる」

からである。

というのは正しくない。なぜなら、〔異なる〕別の香〔が生ずるという〕理論的な過失が付随する

〔スートラ二・二・二〕これによって水における熱が説明された。（etenāpsūṣṇatā vyākhyātā.）

水と火とが結合したとき、異なる触が生じないことが、〔水に〕熱〔という触〕がないことの標印である。また、熱は、水において、〔水という〕実体があるかぎり存続するものではない。微細な花の諸部分が衣に移動し、火の部分が水に移動することから、結合したものへの内属により、〔衣に〕香が、〔水に〕熱が知覚されるのである。

〔問い〕衣と水の色などは、〔拠り所の〕実体があるかぎり存続するものではない。花の香・〔火の〕熱という触が認識されているとき、〔衣と水との〕みずからの香・冷という触は知覚されないではないか。

〔答え〕そうではない。

〔スートラ二・二・三〕地においては香は確立している。（vyavasthitaḥ pṛthivyāṃ gandhaḥ.）

地より成る衣にみずからの香は確立されているけれども、それは、花の香の優勢さのゆえに知覚されない。

また、

〔スートラ二・二・四〕火〔のみに〕熱は〔確立している〕。(tejasy uṣṇatā.)

火のみに熱は確立しており、水に移動することはない。

同様にして、熱が知覚されているとき、

〔スートラ二・二・五〕水には冷が〔確立している〕。(apsu śītatā.)

火の部分が入り込むことから、結合したものへの内属により、熱が知覚されるとしても、知覚されてはいないけれども水には冷が確立しているが、〔熱の〕優勢さのゆえに知覚されないのである。

〔解説〕

地の触は非熱非冷、水の触は冷、火の触は熱、風の触は非熱非冷として確立しています。鍋で水を火にかけますと、水が熱くなります。しかし、ヴァイシェーシカ学派によれば、それは水の触が熱になったのではなく、水と結合した火の微粒子に内属している熱の触が優勢なので熱のみが知覚されるのでして、水の触はあくまでも冷のままなのです。

また、夏に気温が高くなるのは、太陽という火の微粒子が風の中に入り込むことによるのだとされます。わたくしたちは、あたかも風そのものが熱いと感じますが、じつは風の触はあくまでも非熱非冷のままなのです。

時間について今度は語られる。

〔スートラ二・二・六〕こなた（＝若さ）にたいするかなた（＝老）・同時・非同時・遅・速というのが時間の標印である。（aparasmin paraṃ yugapad ayugapac ciraṃ kṣipram iti kālaliṅgāni.）

これら、こなたであること・混淆などが時間の標印である。その内、かなたの地点と結合した若者にかなたであることの知識が生じ、こなたの地点と結合した老人にこなたであることの知識が生ずるとき、黒髪など・皺・白髪などを見ることにより、それを切っ掛けとして、若者についてこなたであるとの知識が、老人についてかなたであるとの知識が生ずるところのその切っ掛け、それが時間である。同様に、同じ仕事を為す人々について、「〔この人々は〕同時に行う」「〔あの人々は〕同時でなく行う」という観念が生ずるゆえんのもの、それが時間である。オーダナと称せられる祭祀の結果について、多くのアディシュラヤナなどという祭事の連なりが進展するとき、同じ行為者について、「今日は遅く為された」「今日は速く為された」という観念が生ずるゆえんのもの、それが時間である。時間の性質は、数・量・別異性・結合・分離である。

また、

〔スートラ二・二・七〕〔時間が〕実体であり常住であることは、〔原子としての〕風〔についての説明〕によって解明された。(dravyatvanityatve vāyunā vyākhyāte.)

実体を〔拠り所として〕有しないから、原子としての風と同じく、時間は実体であり常住である。

〔スートラ二・二・八〕〔時間が〕一つであることは、存在性(=有性)〔についての説明〕によって〔解明された〕。(tattvaṃ bhāvena.)

「有る」ことの標印に区別がないから、また、特別の標印がないから、存在性は一つであるのと同様に、時間も、時間の標印に区別がないから、また、特別の標印がないから、一つである。

時間は一つであるというのに、どうして「造り始めのとき」などという表示があるのか、という問いに答えていわく。

〔スートラ二・二・九〕所作（＝運動）の違いによって〔時間は〕多数である。（kāryaviśeṣeṇa nānātvam.）

「所作」とは「運動」のことである。運動の違いを持った事物に、「造り始め」「維持」「消滅」という運動を見て、時間は一つであるけれども、多いということを第二義的に認めて、「造り始めのとき」などという表示がある。

〔問い〕時間はたんなる運動に過ぎないのではないか。なぜなら、時間の標印は、

〔スートラ二・二・一〇〕〔時間の標印は、〕常住の〔実体〕には存在せず、無常の〔実体〕に存在するからである。（nityeṣv abhāvād anityeṣu bhāvāt.）

もしも時間が運動とは別のもので常住であるならば、常住の虚空などにも時間の標印が現れるであろう。しかし、〔時間の標印は、〕無常の〔実体〕にのみ存在する。したがって、時間は、現れ出つつあるものにおいてのみの区切りである。したがって、時間は運動に他ならない。

〔スートラ作者の答え〕そうではない。時間の標印は、事物が現れ出た後に生ずるから、無常の〔実体〕にあるのであって、それは運動が時間だからというのではない。

他方、それら〔時間の標印〕の

〔スートラ二・二・一一〕原因を指すものとして「時間」という名称がある。（kāraṇe kālākhyā.）

これら時間の標印が原因を有しないことはあり得ないから、もしもそれらが運動を原因としているのであれば、「為された」とはいわれても、「同時だ」とはいわれないであろう。したがって、これら時間の標印の原因を指すものとして「時間」という名称がある。

〔スートラ二・二・一二〕「これよりもこれが」という〔観念が生ずる〕由縁のもの、それが空間の標印である。（ita idam iti yatas tad diśo liṅgam.）

中身のつまった実体を区切りとして「これはそれよりも東である」などという観念が生ずる由縁のもの、それが空間の標印である。〔空間の〕性質は、数・量・別異性・結合・分離である。

また、

〔スートラ二・二・一三〕〔空間が〕実体であり常住であることは、〔原子としての〕風〔についての説明〕によって解明された。(dravyatvanityatve vāyunā vyākhyātaḥ.)

空間は、実体を〔拠り所として〕有しないから、〔原子としての〕風と同様に、実体であり常住である。

〔スートラ二・二・一四〕〔空間が〕一つであることは、存在性(＝有性)〔についての説明〕によって〔解明された〕。(tattvaṃ bhāvena.)

〔空間は〕一つでありつつ、

〔スートラ二・二・一五〕 所作(＝運動)の違いによって、〔空間は〕多数である。(kāryaviśeṣeṇa

nānātvam.)

「東で神への祭祀が」「南で祖霊への祭祀が」などという所作（＝運動）の違いによって、東・南などという、空間の多数性が第二義的に認められる。

〔東・南などという観念には〕相互依存〔という論理的過失が伴うの〕ではないかというならば、そういう場合には、

〔スートラ二・二・一六〕過去・未来・現在の太陽との結合により「東」〔という表示がある〕。
(ādityasaṃyogād bhūtapūrvād bhaviṣyato bhūtāc ca prācī.)

一日の始めに、太陽がある特定の地点と結合した、あるいは結合する、あるいは結合するであろうという、その太陽との結合により「東」という表示がある。「太陽をここから前に出す」というのが〔その語源である〕。

〔スートラ二・二・一七〕同様にして、「南」「西」「北」〔という表示がある〕。(tathā dakṣiṇā pratīcy udīcī ca.)

他ならぬこの太陽との結合により「南」などという表示がある。

〔スートラ二・二・一八〕これによって他の空間（＝方位）が説明された。（etena digantarāṇi vyākhyātāni.）

まったく同じやり方で、東南などという他の方位が説明された。

〔解説〕

これまで、地から始まって空間までの実体が解明されてきました。順序からいえば次は自己をめぐる解明になるのですが、じつはここからあと、第二章第二日課の終わりまで、音声をめぐるやや長い議論が展開されます。そして、音声をめぐっては、多くの疑惑があるものですから、まずは疑惑そのものをめぐる議論が展開されます。そうして見ますと、スートラの構成上、かなり不自然な展開になっています。ですから、この部分は、カナーダの原スートラにはなく、後になって挿入されたものとの推測が十分に成り立ちます。

そこで、今度は、自己が確たる証拠によって理解されなければならない。確たる証拠は音声（語）などの性質より成る。

〔第一の問い〕音声などが性質であることは不確定であるのに、確定しているものとして説かれているのではないか。
〔第二の問い〕〔音声などが〕性質であることについてなにゆえ疑惑があるのか。
〔答え〕疑惑にも原因があるのかといえば、まさにその通りである。では何が原因なのか。そこで次のように説かれる。

〔スートラ二・二・一九〕共通性を知覚することから、また特殊性を知覚しないことから、また特殊性の想起から、疑惑が生ずる。（sāmānyapratyakṣād viśeṣāpratyakṣād viśeṣasmṛteś ca saṃśayaḥ.）

ある人が、杭と人との共通性である直立性を見、特殊性の原因である手などや空洞などを見ず、そして特殊性を想起するとする。ここから、「これは杭であろうか、あるいは人であろうか」という疑惑が生ずる。

疑惑には、外的な疑惑と内的な疑惑の二種類がある。外的な疑惑にも、知覚される疑惑と知覚されない疑惑の二種類がある。まず、知覚されない疑惑について。

〔スートラ二・二・二〇〕見たものか見なかったものか〔という疑惑が生ずる〕。（dṛṣṭam adṛṣṭam.）

「人が到着した」といわれたとき、「わたくしはかつて見た人を見るのであろうか、見なかった人を見るのであろうか」という疑惑が、〔「人が到着した」ということを〕聞いただけで生ずる。

他方、知覚される疑惑について。

〔スートラ二・二・二一〕また、かつて見たごとくに見たのか〔という疑惑が生ずる〕。（dṛṣṭaṃ ca dṛṣṭavat.）

今ある人を見てまさにその見た人を知覚しつつある人に、「わたくしはこの人をかつてあるとき見たことがあるのだろうか、それとも見たことがないのだろうか」という疑惑が生ずる。

〔スートラ二・二・二二〕両様に見たことにより、かつて見たように見られたのか、かつて見たようにではなく見られたのか〔という疑惑が生ずる〕。（dṛṣṭam yathādṛṣṭam ayathādṛṣṭam ubhayathā dṛṣṭatvāt.）

デーヴァダッタが初めに毛髪を有する者として見られ、次には禿げていると見られ、第三回目には毛髪を有する者として見られた。第四回目には、薄暮の中で、〔デーヴァダッタが〕会話などによって、また容姿だけによって認められたとき、「この人は毛髪を有しているのだろうか、それとも禿げているのだろうか」という疑惑が生ずる。先のスートラでは、複数の対象を追想することから疑惑が生じた。これにたいして、このスートラにより、一つの対象について特殊性を追想することから疑惑が生じた。

他方、内的な疑惑について。

〔スートラ二・二・二三〕また、知と無知から疑惑が生ずる。（vidyāvidyātaś ca saṃśayaḥ.）

知とは正しい知識のことであり、無知とは誤った知識のことである。〔最初、〕予言者によって予言されたことはまったくその通りとなった。第二回目にはその通りにはならなかった。第三回目には、「最初のときのようにその通りになるのだろうか、それとも第二回目のときのようにその通りにはならないだろうか」という疑惑が生ずる。

以上、疑惑が語られた。

そこでまず、音声こそが語られねばならない。

〔スートラ二・二・二四〕耳によって捉えられる「もの」、それが音声である。（śrotragrahaṇo yo 'rthaḥ sa śabdaḥ.）

耳によって捉えられる「もの」、それが音声である。普遍などは「もの」という語によって慣用的に指示されることがないから、音声性は音声であってはならない、それゆえ「もの」という語が入っているのである。

〔解説〕

「もの」（artha）は、ヴァイシェーシカ学派では、狭義には実体・性質・運動のみであるとされます。artha の原義は「求められるもの」です。現実の生活の中で、わたくしたちは実体・性質・運動を求めますが、普遍などを求めることはありません。

音声性は普遍かつ特殊であり、音声は性質です。

では、音声が性質であるとはどうしていえるのかが問題となります。といいますのも、性質というカテゴリーは、通常は文法的に形容詞に相当する語より成ります。しかし、「音声」というのは名詞であって形容詞ではありません。そこで、当然のように、音声とは何かが議論の対象となります。

以下、そうした議論が展開されます。

〔スートラ二・二・二五〕それ（＝音声）**について、**〔それが〕**実体であるのか、運動であるのか、性質であるのかという疑惑がある。**（tasmin dravyaṃ karma guṇa iti saṃśayaḥ.）

〔どれともいえそうな〕共通の特性があるから、音声について、〔それが〕実体〔であるのか〕などという疑惑がある。

〔反対論者〕そこでいわく。

〔スートラ二・二・二六〕同種類のものの中で、また別のものの中で、〔音声の〕**特殊性が両様に見られるから**〔疑惑が生ずるのである〕。（tulyajātīyeṣv arthāntarabhūteṣu ca viśeṣasyobhayathā dṛṣṭatvāt.）

地性は、〔実体として〕同種類である水などからは、地の特殊性であると見られ、また、同種類でない性質・運動からも地の特殊性であると見られる。そこで、音声についても、耳によって捉えられることということこの特殊性は、性質と同種類のものについてのものか、それとも別のものについてのものかという疑惑が生ずる。

〔スートラ作者の答え〕そうではない。

〔スートラ二・二・二七〕〔音声は〕一つの実体を〔拠り所として〕有するから、実体ではない。（**ekadravyavattvān na dravyam.**）

一つの実体である虚空に存するから、この音声は実体ではない。なぜなら、原子などの〔常住の〕実体は実体を〔拠り所として〕有せず、水がめなどの〔無常の〕実体は二つ以上の実体を〔拠り所として〕有するからである。

〔解説〕

つまり、一つの実体を拠り所として有する実体はないということです。

〔スートラ二・二・二八〕〔音声は〕目に見えないものであるから、運動ではない。（**acākṣuṣatvān na karma.**）

〔耳よりも〕他の感官によって知覚される実体あるいは運動は、目に見えるものでもあると考えられる。ところがこの音声は、耳によって知覚されながらも、目に見えない。このようにして、〔音声が〕性質〔であること〕が確定された。

しかし、

〔スートラ二・二・二九〕〔音声は、〕**性質でありながらも消滅があることは、運動と共通している。**（guṇasya sato 'pavargaḥ karmabhiḥ sādharmyam.）

音声は、性質たるものではあっても、運動と共通するもの、つまり消滅がある。〔音声は〕発生した直後に捉えられなくなるので、消滅があると推論される。

「有るものでも、〔何らかの〕原因ゆえに捉えられなくなることがある」というならば、そうではない。

〔スートラ二・二・三〇〕〔音声は、発声の後には〕**有るものの標印が存在しないから**〔有るものではない〕。（sato liṅgābhāvāt.）

有るものも、〔何らかの〕原因ゆえに捉えられなくなるが、有るものの標印が、有るということを理解せしめる。しかし、音声は、発声の後に、それと結合すべき標印が存在しないから、まったく有るものではない。

また、

〔スートラ二・二・三一〕常住のものとは異なるから〔音声は無常である〕。（nityavaidharmyāt.）

〔音声が〕発声されるやただちに壊れることは、常住のものとは異なる点である。したがって〔音声は〕無常である。

また、

〔スートラ二・二・三二〕〔音声は〕結果であるから〔無常である〕。（kāryatvāt.）

また、音声は結果である。なぜなら、〔音声は〕結合などにより生ずるからである。したがって〔音声は〕無常である。

〔解説〕

音声は、例えば太鼓と撥との結合から、あるいは竹を裂いたときの分離から生じます。

〔スートラ二・二・三三〕無のゆえに〔音声は無常である〕。(abhāvāt.)

「以前無のゆえに」という意味である。以前無を有するものは〔発生時には〕消滅するからである。そして、〔音声には〕以前無がある。なぜなら、音声は諸原因によって生ずるからである。また、〔音声の〕諸原因が〔音声を〕顕現させることはない。なぜか。

〔スートラ二・二・三四〕〔音声は〕**諸原因より変化したものだからである。**(kāraṇato vikārāt.)

音声は太鼓などの諸原因より変化したものであるから、大きな太鼓などには大きな音声が、小さな太鼓などには小さな音が生ずる。

他方、顕現については、

〔スートラ二・二・三五〕〔音声が常住のものとして顕現するとするならば、使い古されたものであることなどという〕**過失があるから**〔音声は無常である〕。(doṣāt.)

音声が常住のものとして顕現するならば、音声は、クシャ草のように、祭祀においてある人に用いられれば、別の人に用いられることはない。使い古されたものであることなどという過失のゆえに。したがって〔音声は〕無常である。

なぜ〔音声は〕結果であるのか。そこでいわく。

〔スートラ二・二・三六〕 結合から、分離から、また音声から、音声は生ずるから〔音声は結果である〕。（saṃyogād vibhāgāc chabdāc ca śabdaniṣpatteḥ.）

音声は、太鼓と撥との結合から、衣とその細片からの分離から、波の連続のように生ずることから、我々は音声は結果であると考える。

〔スートラ二・二・三七〕 また、〔ヴェーダという〕標印から、〔音声は〕無常である。（liṅgāc cānityaḥ.）

《それらから三ヴェーダが生じた》というヴェーダのことばという標印から、〔音声は〕無常である。

〔解説〕

以下に「音声（語、ことば）は常住である」と主張するミーマーンサー学派の見解が示されます。もともとミーマーンサー学派は、ヴェーダ聖典祭事部（ブラーフマナ文献群）に関する聖典解釈学を事としていました。彼らにとって、ヴェーダ聖典のことばは、始まりのない過去から終わりのない未来にかけて変わることのない常住のものだということになっています。また、ことばが伝える意味は無常ではありません。ですから、音響としての音声を問題にしてそれを無常だとするヴァイシェーシカ学派とは視点がまったく異なるのですが、両学派のあいだで śabda は無常か常住かという論争が行われたことは確かなようです。

〔反対論者の問い〕音声は常住なのではないか。

〔スートラ二・二・三八〕しかし、〔音声には、無常の結果に特徴的な〕二つの活動がないから〔音声は常住である〕。（dvayos tu pravṛttyor abhāvāt.）

すなわち、結果という存在には二つの活動がある。一つは出現であり、もう一つは結果の使用という形を持つ活動である。ところが、音声には、意味の理解のためだけの、発声と称せられる活動があるのみである。〔音声のその活動は〕みずからのためではない。したがって〔音声は〕常住である。

〔スートラ二・二・三九〕〔音声が無常だとすると〕数〔による反復〕がないことになってしまうから〔音声は常住である〕。(saṅkhyābhāvāt.)

音声が、発声されるや壊れるとすると、《これは二度聖典に述べられた》ということが消滅するから、数による反復がないことになろう。しかし実際にそれはある。したがって〔音声は〕常住である。

〔スートラ二・二・四〇〕「最初」という音声(語)があるから〔音声は常住である〕。(prathamāśabdāt.)

「最初という音声(語)があるから」とは、《三回、最初〔という音声(語)〕を語った》という文章を指す。音声が、発声されるや壊れるとすると、最初の讃歌の反復回数を数えることがないことになろう。しかしそれは実際にある。したがって〔音声は〕常住である。

〔スートラ二・二・四一〕また、再認識があるから〔音声は常住である〕。(sampratipattibhāvāc ca.)

音声が消滅してしまうとすると、「これこそがかの『牛』という音声〔語〕である」という再認識がないことになろう。しかしそれは実際にある。したがって〔音声は〕常住である。

〔スートラ作者の答え〕これは要点を衝いていない。

〔スートラ二・二・四二〕〔理由が〕多くても疑わしい。（sandigdhāḥ sati bahutve.）

〔無常の〕燈火などは二つの活動を有しないと見られる。〔無常の稲妻について〕「二回稲妻が放たれた」というように数〔による反復〕がある。〔無常の〕火などについて再認識がある。それゆえ、〔上述の理由は〕無常のものにもあるから、理由は多くても疑わしい。したがって〔音声は〕無常である。

〔スートラ二・二・四三〕一般的に数はある。（saṅkhyābhāvaḥ sāmānyataḥ.）

「最初」という音声と再認識があるということと類似的にこれらは見られるべきである。

第三章　第一日課

〔解説〕

この日課では、推論による自己の存在証明が行われます。しかし、自己という精神的実体を推論によって証明しようとしますと、どうしても精神的実体＝自己があることを前提としなくてはなりません。これは、論点先取という論理的過失を犯すということです。ですから、自己というのは、往昔の哲学者ヤージュニャヴァルキヤが看破したように、認識主体であるがゆえに知覚であろうが推論であろうが認識対象とはなりえず、おのずから、自律的に、自己反省的・自己回帰的にその存在が確立しているものと考えるのが妥当であろうとわたくしは考えます。

以上、空間にいたるまで〔の実体〕の非共通性を説いた後、自己〔についての解明〕へと進む。

〔スートラ三・一・二〕感官と対象はよく知られている。（prasiddhā indriyārthāḥ.）

〔対象である〕音声などが性質などを本性とすることはよく知られているから、それらによって感官は〔よく知られている〕。

このゆえに、今度は、

〔スートラ三・一・二〕感官と対象がよく知られているということは、感官と対象とは別のものが存在することの理由である。(indriyārthaprasiddhir indriyārthebhyo 'rthāntaratve hetuḥ.)

捉えられる対象である音声などがよく知られているということによって、また、感官である耳などもよく知られている。このように感官と対象がよく知られているということによって、これら捉えられる対象と捉える感官とは別の、捉える主体としての自己の存在が推論される。

〔反対論者いわく。〕

〔スートラ三・一・三〕それは理由とはならない。(so 'napadeśaḥ.)

捉える主体が存在することについては、捉えられるものと捉えるものとがよく知られていることと称する理由があるといわれたが、それは理由とはならない。自己を想定する必要があるのだろうか。どうして感官が他ならぬ捉える主体であることにはならないのか。

〔スートラの作者いわく。〕そうではない。

〔スートラ三・一・四〕〔感官の〕原因（＝質料因）は知性を持たないから〔感官は捉える主体ではない〕。（kāraṇājñānāt.）

感官の原因（＝質料因）である元素は知性を持たないから、その結果である感官も知性を持たない。

元素は知性を持たない。

〔スートラ三・一・五〕結果が知性を持たないからである。（kāryājñānāt.）

元素の他の結果である水がめなどは知性を持たないから、元素も知性を持たない。

〔スートラ三・一・六〕また、〔元素も感官も〕**知性を持たないから。**（ajñānāc ca.）

元素は知性を持たないから、感官も知性を持たない。このスートラは総括を目的としている。

〔反対論者いわく。〕

〔スートラ三・一・七〕〔スートラ三・一・二で述べられた〕理由はまったく〔理由の特質と〕異なっている。したがって〔それは〕理由ではない。(anya eva hetur ity anapadeśaḥ.)

「異なっている」とは、「理由の特質を外れている」ということである。すなわち、感官と対象がよく知られているということは、感官と対象の属性であって、自己とは結びつかないから、自己を推論せしめることはできない。したがって、それは理由ではない。

〔スートラ作者いわく。〕そうではない。

〔スートラ三・一・八〕結合するもの、内属するもの、同じものに内属するもの、矛盾するものは〔標印である〕。結果は別の結果の、原因は別の原因の〔標印である〕。なかったものはあったものの矛盾する〔標印である〕。あったものはなかったものの〔標印である〕。なかったものはなかったものの〔標印である〕。あったものはあったものの〔標印である〕。(saṃyogi, samavāyi, ekārthasamavāyi, virodhi ca. kāryaṃ kāryāntarasya, kāraṇaṃ kāraṇāntarasya. virodhy abhūtaṃ bhūtasya, bhūtaṃ abhūtasya, abhūtaṃ abhūtasya, bhūtaṃ bhūtasya.)

〔火の標印である〕煙は火と結合するものである。

〔牛の標印である〕角は牛に内属するものである。

同じものに内属するものには二種類ある。〔一つは、〕結果は別の結果の〔標印である〕。例えば、〔触と同じものに内属する〕色は触の〔標印である〕。〔もう一つは、〕原因は別の原因の〔標印である〕。例えば、〔結果である同じ身体に内属する、身体の原因としての〕手は〔同じく身体の原因である〕足の〔標印である〕。

矛盾するものには四種類ある。〔一つには、〕なかった降雨はあった風と雲との結合の標印である。〔二つには、〕あった降雨は、なかった風と雲との結合の標印である。〔三つには、〕なかった黒色はなかった火との結合の標印である。〔四つには、〕あった結果はあった結果の結合の標印である。したがって、よく知られた感官と対象が道具であることと目的であることとは、〔自己に〕内属するものであり、自己の標印である。

〔問い〕それらは自己に内属していないのではないか。

〔答え〕その通りである。他方、別様に次のような推論式が成り立つ。

〔主張〕感官は行為の主体によって用いられるべきものである。

〔理由〕道具であることのゆえに。

〔喩例〕斧のごとし。

〔解説〕

黒色の生の水がめを火で焼くと、元の黒色が消滅して赤色が生じます。こうして出来た赤色は、「燃焼より生ずる性質」（pākaja）といいます。としますと、「なかった黒色はなかった火との結合の標印である」という一文は理解できません。正しくは、「なかった赤色はなかった火との結合の標印である」だと考えます。火との結合がなかったら赤色は生じませんから。

どうして結合するものなどのみが標印であるのか、ということでいわく。

〔スートラ三・一・九〕理由が、よく知られたものにもとづいているからである。（prasiddhapūrvakatvād apadeśasya.）

よく知られた結合するものなど（甲）がそれ（乙）と結びついていないとは知られていない場合、甲は別のものでもある乙の標印である。〔両者は〕結びついているからである。結びついていないものは〔標印では〕ない。

すなわち、

〔スートラ三・一・一〇〕よく知られていないものは理由とはならない。（aprasiddho 'napadeśaḥ.）

よく知られていないものは矛盾したものであり、それは立証されるべき属性とまったく結びついておらず、むしろ反対である。これは理由とはならない。

〔スートラ三・一・一一〕無いものと疑わしいものとは理由とはならない。（asan sandigdhaś cānapadeśaḥ.）

無いものとは、主張命題の主語に存在しないものということであり、意味上、無いものとは有るとは確立されていないものという意味である。また、疑わしいものは理由とはならない。疑わしいものとは、不定のものという意味である。

喩例を述べる。

〔スートラ三・一・一二〕〔これは〕角を有する。したがって〔これは〕馬である。〔これは〕角を有する。したがって〔これは〕牛である。（viṣāṇī tasmād aśvo viṣāṇī tasmād gaur iti ca.）

「このものは馬である」ということが立証されるべきときに、「角を有する」という〔理由〕は矛盾したものである。なぜなら、角を有するということは、馬とは反対のものによって遍充されているからである。

「このものは牛である」ということが立証されるべきときに、「角を有する」という〔理由〕は不定のものである。なぜなら、〔角を有するということは、〕立証されるべきものと反対のものとの両者によって遍充されているからである。

caという語は、いわれていないものの集まりを意味する。「兎は角を有する」ということが立証されるべきときに、角を有するということは不成立のものである。なぜなら、〔角を有するということは、〕主張命題の主語（＝兎）には存しないからである。ついでにこのことが述べられたのである。

また、

〔スートラ三・一・一三〕自己と感官と意と対象の接触より生ずるもの（＝知識）、それが別の〔自己の存在を知らしめる理由である〕。（ātmendriyamano'rthasannikarṣād yan niṣpadyate tad anyat.）

四者の接触より生ずる知識と称せられる結果、それは別の、つまり自己の存在を知らしめる別の理由としてある。

〔主張〕知識は質料因を待つものである。

〔理由〕結果であるから。

〔喩例〕みずがめのごとし。


〔スートラ三・一・一四〕また、身体に見られる活動と停止は、別のもの（＝自己）の標印である。

（pravṛttinivṛttī ca pratyagātmani dṛṣṭe paratra liṅgam iti.）


pratyagātman とは「身体」のことである。身体に見られる活動と停止は、自己を推論せしめる。

〔主張〕身体は内的努力を有するもの（＝自己）によって支配されている。

〔理由〕益になることをし、益にならないことをしないからである。

〔喩例〕水がめのごとし。

第三章　第二日課

自己と感官と意と対象の接触が知識の原因であるといわれた。そのことを確立するために意について語るのである。

〔スートラ三・二・一〕自己と感官と対象が接触したときに知識が成立しないことおよび成立することが意の標印である。（ātmendriyārthasannikarṣe jñānasyābhāvo bhāvaś ca manaso liṅgam.）

自己と感官と対象が接触したときに、それがなければ知識が成立せず、そしてそれがあれば知識が成立するところのもの、それが意である。このように、知識が生ずる生じないということが意の標印である。その性質は、数・量・別異性・結合・分離・かなた性・こなた性・潜在的印象である。

〔スートラ三・二・二〕〔意が〕**実体であることと常住であることは、**〔原子としての〕**風**〔についての解明〕**によって解明されている。**（dravyatvanityatve vāyunā vyākyāte.）

原子としての風は、実体を〔拠り所として〕有しないから実体であり常住であるが、意もその通りである。

〔スートラ三・二・三〕内的努力が同時に生じないから、また知識が同時に生じないから、意は一つである。（prayatnāyaugapadyāj jñānāyaugapadyāc caikaṃ manaḥ.）

また、多くの認識対象である結果について、内的努力も知識も同時に現れることはない。このゆえに内的努力と知識は同時に生じないから、意は一つであり、一々の身体ごとにあり、中身のつまったものであり、触を有しないものであり、部分を有しないものであり、極小であり、迅速に動き回るものである。

〔解説〕

これで地から始まり意に至るまでの九つの実体の説明が終わったのですが、この次からは、また自己についての議論が始まります。この部分では、自己に関する重要な考察が展開されるのですが、カナーダの原スートラにはなかったものが後に付け加えられたのか、それとも原スートラからしてこのような構成になっていたのか、大きな疑問が残ります。

〔スートラ三・二・四〕呼気・吸気・閉目・開目・生命活動・意の進行・他の感官の変化・楽・苦・欲求・嫌悪・内的努力、以上が自己の標印である。（prāṇāpānanimeṣonmeṣajīvanamanogatīndriyāntaravikārāḥ sukhaduḥkhe icchādveṣau prayatnaś cety ātmaliṅgāni.）

呼気・吸気・閉目・開目と意の進行は、内的努力の結果であるから、自己の標印である。

生命活動は、〔自己の性質である〕不可見力（＝功徳と罪障）の結果であるから、〔自己の標印である〕。

他の感官の変化は、〔自己の性質である〕記憶より生ずるものであるから、〔自己の標印である〕。

〔解説〕

梅檀の木を遠くから見るとき、実際にはその芳香を嗅いでいるわけではないのに、記憶により鼻がリアルに芳香を感ずるといったようなことです。梅干しを見ただけ、あるいは「梅干し」ということばを聞いただけで、口中に唾液が溢れるというのも同様のことです。


楽などは、〔自己の〕性質であるから、〔自己の標印である〕。

身体内に存するジグザグに吹く風の、呼気・吸気という運動は、内的努力の結果である。なぜなら、〔内的努力が〕身体に取り込まれた風を対象とするとき、〔風は〕変化するからである。例えば鞴（ふいご）に取り込まれた風の運動のごとくである。

閉目・開目という運動もまた内的努力の結果である。なぜなら、「閉目・開目という運動」という語によって言表されているからである。例えば、木製操り人形の閉目・開目の運動のごとくである。

不可見力〔＝功徳と罪障〕を待つ意と自己との結合が生命活動である。その結果である身体の成長などもまた、生命活動である。身体は内的努力を有するものによって支配されている。なぜなら、〔内的努力を有するもの、つまり自己は〕成長と負傷・骨折の治癒の原因だからである。例えば老朽家屋〔を修繕する家主〕のごとくである。

他の感官に向かって意が進むのが意の進行であるが、それは内的努力の結果である。なぜなら、〔内的努力を有するもの、つまり自己は、意が〕欲する場所と結びつくための原因だからである。例えば球の運動〔を起こす童子〕のごとくである。なぜなら、球の運動は、童子の内的努力によって作られるからである。

色を見ること・潜在的印象の顕現・味の想起・内的努力・意の運動・味覚器官と意との結合・味覚器官の変化は、順に前のものが原因となって生ずる。これにたいして、知識の目印はそれとは逆である。後のものから順に前のものを想起することによって、自己が推論される。ある人によって見られたものについての感官の想起は、別の人に属するものではない。〔また、想起は〕身体の部分に属するのではない。なぜなら、〔記憶は〕状況の変化によって変化しているからである。《〔主張〕色・味・香・触についてのデーヴァダッタの観念は、一つのもの・二つ以上のものを原因とする。〔理由〕「私によって」という観念と結びついているからである。〔喩例〕約束事を知っている多くの〔観客〕に、一つの、踊り妓の眉のひそみにたいして、同時に多くの観念が〔生ずるが〕ごとくである》（『ニヤーヤヴァールッティカ』一・一・一〇）とウッディヨータカラは述べている。

〔解説〕

カルカッタ版によって紀元後六世紀初めの『ニヤーヤヴァールッティカ』のこの個所を訳しますと、

《〔主張〕色・味・触についてのデーヴァダッタの観念は、一つのもの・二つ以上のものを原因とする。〔理由〕「私によって」という記憶と結びついているからである。〔喩例〕約束事を知っている年長者たちに、一つの、踊り妓の眉のひそみにたいして、同時に多くの観念が〔生ずるが〕ごとくである》

となります。この文章の真意はどうも判然としませんが、ある人の記憶あるいは観念は、一つのものについてであれ多くのものについてであれ、必ず「私によって」という〈私〉意識を伴っているから、そこから、ある人のすべての記憶あるいは観念を「私」に結びつける統覚の担い手である主体の存在が推論され、その主体こそが自己である、ということをいいたいのではないかと思います。

また、

〔主張〕楽などは性質を有するものを頼りとしている。

〔理由〕性質であることのゆえに。

〔喩例〕例えば色のごとし。

〔スートラ三・二・五〕〔自己が〕実体であることと常住であることは、〔原子としての〕風〔についての説明〕によって解明されている。(dravyatvanityatve vāyunā vyākhyāte.)

〔自己は、〕実体を〔拠り所として〕有しないから、原子としての風と同様に実体であり、常住である。

〔反対論者いわく。〕

〔スートラ三・二・六〕接触があるときに、「この者はヤジュニャダッタである」というようには、〔自己については〕知覚がないから、〔自己には〕目に見える標印は存在しない。(yajñadatta iti sati sannikarṣe pratyakṣābhāvād dṛṣṭaṃ liṅgaṃ na vidyate.)

例えば、目に見える対象と接触したときに、「この者はヤジュニャダッタ（人名）である」という知覚が生ずるが、それとは違って、「この自己は呼気など・楽などと結びついている」という知識は生じない。では、どうして、結びつきが目に見えない呼気などが自己の標印なのであろうか。そこでいわく。呼気などは〔自己の〕目に見える標印ではない、と。

〔反対論者が続けていわく。〕

〔スートラ三・二・七〕 また、〔呼気などは、虚空などにも〕共通して見られるから、無区別である。(sāmānyato dṛṣṭāc cāviśeṣaḥ.)

原因なくして呼気などは生ずることなく、何ものにも拠らずして楽などは生じない。このゆえに、これらには何らかの原因・拠り所がなければならない。とはいえ、それらは共通して見られるから、つまり虚空などを排除しないから、無区別である。なぜなら、虚空なども〔呼気などの〕原因であり得るからである。

〔反対論者の結論。〕

〔スートラ三・二・八〕 したがって、〔自己が存在することは〕伝承による。(tasmād āgamikam.)

「自己が存在する」というのは単なる世間の風評に過ぎないという意味である。

〔解説〕

この反対論者は仏教徒であるように思えます。

仏教の開祖ゴータマ・ブッダは、「自己よりも愛おしいものはない」とか「自己を頼りにせよ」というように、自己の存在は認めていましたが、自己を主語にした形而上学的な議論には与しませんでした。ゴータマ・ブッダは、五蘊（身心）のいずれの要素も自己ならざるものである（五蘊非我）、もろもろの事象（おのが実存にまつわる経験的に知られるものごと）は自己ならざるものである（諸法非我）を説きましたが、「自己は存在する」という議論はまったく展開しませんでした。それは、ゴータマ・ブッダが、経験的に実存のありようについてのみ論ずる経験論者だったということです。

ところが、五蘊のいずれも自己ならざるものである、もろもろの事象のいずれも自己ならざるものであるならば、そもそも自己なるものは存在しないのだという、無我説という新たな形而上学的な主張が、後には展開されるようになりました。その無我説を理論的に展開した最初の文献こそ、かの『ミリンダ王の問い』なのです。ミリンダ（メナンドロス）王とナーガセーナ長老が対論を交わしたのは西暦紀元前二世紀半ばのことですから、ちょうどカナーダが活躍したであろう時期と重なります。

ヴァイシェーシカ学派が成立して後、仏教徒はヴァイシェーシカ学派を盛んに論難しますが、その最大の論点こそ、自己の存在・非存在だったのです。

〔スートラ作者の答え。〕そうではない。

〔スートラ三・二・九〕「私」という語によって〔他の実体と〕区別されるから、〔自己が存在することは〕伝承によるのではない。（aham iti śabdavyatirekān nāgamikam.）

地などと異なる自己という実体を対象とする「私」という語と同格関係にあることから、「私は呼気などを有する」「私は楽を有する」といわれるのである。したがって、呼気などは〔自己が存在することの〕標印であるから、〔自己が存在することは〕伝承によるのではない。

〔反対論者いわく。〕

〔スートラ三・二・一〇〕また、もしも「私はデーヴァダッタである」「私はヤジュニャダッタである」というのが、目に見えるものについての知覚であるならば、〔呼気などは自己の標印ではない〕。（yadi ca dṛṣṭapratyakṣo 'haṃ devadatto 'haṃ yajñadatta iti.）

実に、もしも「私はデーヴァダッタである」「私はヤジュニャダッタである」というのが、自己についての、目に見えるものについての知覚であるならば、「私」という語が自己を言表するということは適当であろう。ただし、身体を表現する「デーヴァダッタ」という語と同格関係にあることから、「私」という語がまた身体を言表するという限りにおいてそうなのである。したがって、呼気など・楽などは、自己を決定づける理由ではない。

〔反対論者は続けていわく。〕「デーヴァダッタ」という語がどうして身体を指すのか、という質問に答えていわく。

〔スートラ三・二・一二〕「デーヴァダッタは歩く」「ヴィシュヌミットラは歩く」というのは、第二義的な用法により身体の知覚である。（devadatto gacchati viṣṇumitro gacchati copacārāc charīrapratyakṣaḥ.）

「歩行」を言表する「歩く」という語とともに用いられているから、「デーヴァダッタ」という語は身体を言表すると決定される。なぜなら、自己には歩行があり得ないからである。したがって、「私」という語も、まさに他ならぬ身体を指すのである。なぜなら、〔「私」という語は〕「デーヴァダッタ」という語とともに見られるからである。

〔スートラ作者の答え。〕そうではない。

〔スートラ三・二・一三〕しかし、第二義的な用法は疑わしい。（sandigdhas tūpacāraḥ.）

「デーヴァダッタ」という語と同格関係にあるから「私」という語は第二義的に身体を指すという、その第二義的用法は疑わしい。身体は自己を補助するものであるから「私」という語は自己を表現するものとして第二義的に用いられるのか、それとも第一義的に身体を表現するのか。したがって、「私」という語は、身体を指すのか自己を指すのか決定していない。

みずからの学説における決定説を語っていわく。

〔スートラ三・二・一三〕「私」という〔概念〕は、内我（＝自己）に存在し、他のもの（＝身体）に存在しないから、それとは別のもの（＝自己）の知覚である。（aham iti pratyagātmani bhāvāt paratrābhāvād arthāntarapratyakṣaḥ.）

「内我」とは「自己」のことであり、「他のもの」とは「身体」のことである。もしも「私」という語が身体を言表するのであるならば、「デーヴァダッタ」という語のように、〔「私」という語は〕当該の個体を指すものとしてすべての人によって用いられることになろう。しかし実際にはそうではない。このゆえに、「私」という語は、それとは別のもの、つまり自己についての知覚である。

〔「私」という語は〕身体をさすものとしてと同様に自己を指すものとしても他人によって用いられるから、〔自己についての知覚では〕ないのではないか、というならば、そこで答えていわく。

〔スートラ三・二・一四〕しかし、身体の区別からヤジュニャダッタとヴィシュヌミットラとの知識の区別があるのではない。（na tu śarīraviśeṣād yajñadattaviṣṇumitrayor jñānaviśeṣaḥ.）

ヤジュニャダッタとヴィシュヌミットラと結びついている目に見える身体の区別から、かれらに属する楽などについて、我々には知識が生じないように、「私」という語が用いられる由縁である彼らに属する〈私〉意識は、我々には知られない。他方、〔「私」という語が〕身体を言表するのだとすれば、身体を見てそれについて「デーヴァダッタ」という語が用いられるように、これ（＝「私」という語）も用いられるであろう。しかし、実際にはそのようではない。したがって、〔「私」という語は〕身体を指すのではなく、自己に存するのであるから、他の人々によって用いられることがない。このように、「私」という語と同格関係にあるから、楽などは自己を対象とし、呼気などは自己を原因とする。

〔反対論者いわく。〕

〔スートラ三・二・一五〕楽・苦・知識が生ずることに区別がないから、自己は一つである。（sukhaduḥkhajñānaniṣpattyaviśeṣād aikātmyam.）

有ることの標印に区別がないから、また特別な標印が存在しないから、有性は一つであるが、それとまったく同様に、楽・苦・知識が生ずることに区別がないから、また特別な標印が存在しないから、自己は一つである。

〔スートラ作者いわく。〕そうではない。

〔スートラ三・二・一六〕各個の状態により〔自己は〕多数である。（nānā vyavasthātaḥ.）

ある人は楽と結びつき、別の人にはそれがないから、この各個の状態により自己は多数である。

〔スートラ三・二・一七〕聖典の力により〔自己は多数である〕。（śāstrasāmarthyāc ceti.）

《村を望む者は祭祀を行うべし》《天界を望む者は祭祀を行うべし》という聖典の力によっても、自己は多数である。自己の固有の性質は、知識・楽・苦・欲求・嫌悪・内的努力・不可見力（＝

功徳と罪障）・潜在的印象（＝修習）である。他方、その他の性質は、数・量・別異性・結合・分離である。

〔解説〕

チャンドラーナンダは、自己は一つであるする見解を反対論者、おそらく一元論を主張するヴェーダーンタ学派のものだと考えています。しかし、別の解釈もあり得るようにわたくしには思えます。すなわち、自己は、その偶有的な属性、すなわち知識・楽・苦・欲求・嫌悪・内的努力・功徳・罪障・修習、あるいは広く身心という条件をはずせば、あの自己、この自己というように識別することはできません。実際、そうした偶有的な属性を捨てた自己、つまり解脱した自己には、まったく個性があり得ません。ですから、極大で中身のつまっていない自己は、いくらでも重なり合って存在しているのですが、個性をはずして見れば、見分けがつきません。したがって、そうした意味で自己は一つと見なしてもかまわないともいえるのです。

自己は一つであるとするスートラをヴァイシェーシカ学派の見解だとしますと、この三つのスートラは、ヴァイシェーシカ学派なりの聖典解釈を示したものだと見ることができます。つまり、ウパニシャッド文献群には、自己は一つであるという言明と、自己は多数であるという言明とが入り混じっています。これを合理的に解釈するためには、右のような考え方もあり得るということです。

第四章　第一日課

以上のように諸実体について述べた後、それらが常住であるとか認識されるとか認識されないとかということを、別についでに語っていわく。

〔スートラ四・一・一〕有り、原因を有しないもの、それは常住である。（sad akāraṇavat tan nityam.）

〔すでに何回か繰り返された〕「実体を〔拠り所として〕有しないから」という句によって、有り、原因を有しない原子など、それは常住であるといわれた。

他方、その認識については、

〔スートラ四・一・二〕結果がそれ（＝原子など）の標印である。（tasya kāryaṃ liṅgam.）

それ、つまり原子など、感官によって捉えられていないものにとっても、身体や元素などという結果が標印である。

なぜなら、

〔スートラ四・一・三〕なぜなら、原因があることにより結果があるからである。（kāraṇabhāvād dhi kāryabhāvaḥ.）

糸などという原因（複数）より布などという結果が生ずる。したがって、結果は原因にもとづくから、結果が原因の標印である。

〔スートラ四・一・四〕また、無常であるというのは、〔常住であることの〕特別な否定の状態である。（anityam iti ca viśeṣapratiṣedhabhāvaḥ.）

実に、「すべての結果が無常である」といわれるとき、この、結果を対象とする、常住であることの特別の否定によって、ある原因は常住であることが知られる。

〔スートラ四・一・五〕また、〔原子には〕知られないということがある。（avidyā ca.）

知られないこととは、原子は感官を超越しているから捉えられないということである。このことも、〔原子が〕無常であることを妨げる。なぜなら、目に見えていないものについて、そこに無常であることが存すると誰が捉えられようか。したがって、〔原子が〕無常であるということはできない。

認識（＝知覚）はいかにして生ずるのかというならば、〔答えていわく〕。

〔スートラ四・一・六〕大なるものについて、〔それが〕多くの実体を〔拠り所として〕有することから、また色から、知覚がある。（mahaty anekadravyavattvād rūpāc copalabdhiḥ.）

大性という量が内属する実体について、質料因である実体が多数あることから、また白色などの色から知識が成立する。

なぜそうのかといえば、なぜなら、

〔スートラ四・一・七〕〔原子は〕実体を〔拠り所として〕有しないから、原子は知覚されない。（adravyavattvāt paramāṇāv anupalabdhiḥ.）

色があっても、原子には質料因がないから知覚されない。

〔スートラ四・一・八〕色という潜在的印象がないから、風は知覚されない。（rūpasaṃskārābhāvād vāyāv anupalabdhiḥ.）

多数の実体を〔拠り所として〕有することと大性とがあっても、色と称せられる潜在的印象がないから、風は知覚されない。〔色によって〕限定された〈多くの実体を〔拠り所として〕有すること〉が捉えられなければ、三原子体も知覚されないことが確定された。

〔解説〕

テクストでは「捉えられるから」（grahaṇāt）を、異本により「捉えられなければ」（agrahaṇāt）と訂正して読みました。

二つの原子が結合して二原子体が出来、二原子体が三つ結合して三原子体が出来ます。三原子体は、知覚の条件の一つである「多くの実体を拠り所として有すること」を持っていますが、それが色によって限定されたものでなければ、知覚の対象とはなり得ないということです。

色についてはどうなのか。

〔スートラ四・一・九〕多くの実体を〔拠り所として〕有する実体に内属することから、また特殊な色から、〔色の〕知覚がある。（anekadravyeṇa dravyeṇa samavāyād rūpaviśeṣāc copalabdhiḥ.）

大きい実体、すなわち多くの〔部分である〕実体に内属している水がめなどという実体に色という性質が内属することから、特殊な色から、すなわち色性と称せられる普遍かつ特殊から、〔色の〕知覚がある。

〔解説〕

（一）限定するものである色性と（二）限定するものと限定されるものとの関係（この場合は内属）と（三）限定するものである色性の知識、以上の三者が出揃ったところで、限定されるものである色の知識が生ずる、というのがヴァイシェーシカ学派の見解です。スートラ八・九をご参照下さい。

〔スートラ四・一・一〇〕これによって、味・香・触の知識が解明された。（etena rasagandhasparśeṣu jñānaṃ vyākhyātam.）

これ、つまり直前に述べられた道理により、多くの実体を〔拠り所として〕有する実体に内属することから、また味性などという普遍かつ特殊から、味などが知覚される。

〔スートラ四・一・一一〕〔原子の色には〕それ（＝多くの実体を拠り所として有する実体に内属すること）がないから〔知覚されないということからして、多くの実体を拠り所として有する実体に内属することにより色が知覚されるという道理には〕逸脱がない。（tadabhāvād avyabhicāraḥ.）

原子の色は、多くの実体を〔拠り所として〕有する実体に内属することがないから知覚されない。それゆえまた、多くの実体を〔拠り所として〕有する実体に内属する色が知覚されることには逸脱がない。

〔スートラ四・一・一二〕数・量・別異性・結合・分離・かなた性・こなた性、そして運動は、色を有する実体に内属することにより目に見える。（saṅkhyāḥ parimāṇāni pṛthaktvaṃ saṃyogavibhāgau paratvāparatve karma ca rūpidravyasamavāyāc cākṣuṣāṇi.）

「色を有する〔実体〕」とは、〔色性によって〕限定されたものとしての色を有するもののことである。知覚に適合するその色を有する〔実体〕に内属することにより、また、〔色〕自身の普遍かつ特殊（＝色性）により〔数などは〕目に見える。

なぜか。

〔スートラ四・一・一三〕〔数などは、〕色を有しない〔実体〕にあっては目に見えないから。（arūpiṣv acākṣuṣatvāt.）

色のない大きな別の実体に存する〔数などは〕認識されないからである。

〔スートラ四・一・一四〕これによって、性質性と有性についてはすべての感官によって認識されることが解明された。（etena guṇatve bhāve ca sarvendriyajñānaṃ vyākhyātam.）

大きな〔実体〕において、多くの実体を〔拠り所として〕有する〔実体〕に内属することから、内属している色などが知覚されるが、それとまったく同様に、大きな〔実体〕に内属する性質に内属する性質性と有性は、色などのそれぞれの性質に内属することから、眼などの〔すべての〕感官によって知覚される。しかし、普遍かつ特殊はそれらを知覚せしめることがない。なぜなら、〔性質性といった普遍かつ特殊や有性という普遍には〕それ（＝普遍かつ特殊）がないからである。他方、〔有性が〕一つであることなどは、各自の感官によって実体において〔知覚される〕。なぜなら、実体に有性が内属しているからである。運動については、性質の場合と同様に、〔多くの実体を拠り所とする実体に〕内属したものへの内属により〔知覚される〕。

第四章　第二日課

今度は、身体に関するそれらの結果が述べられる。その内、

〔スートラ四・二・二〕知覚されるものと知覚されないものとの結合は知覚されないから、〔地・水・火・風・虚空の〕五つよりなるものとしての〔身体〕は存在しない。(pratyakṣāpratyakṣāṇām apratyakṣatvāt saṃyogasya pañcātmakaṃ na vidyate.)

地などの五つより身体が造られているとすると、〔地・水・火の〕三つは知覚されるものであり、風は知覚されないものであるから、あたかもそれらを有するものとの結合も知覚されないものであるように、身体は知覚されないものであることになろう。なぜなら、〔その前提では、身体は〕知覚されるものと知覚されないものとによって造られているからである。しかし、〔身体は〕知覚されるものであるから、我々は、〔身体は〕五つよりなるものではないと考える。

〔解説〕

身体が地・水・火・風・虚空の五元素よりなるとする考えは、医学書『チャラカ・サンヒター』やニヤーヤ学派が唱えるところです。おそらくこの考えは、解剖学的な所見に由来するものと思われます。すなわち、筋肉や皮膚などは地の元素よりなり、血液などは水の元素よりなり、消化機能および体温の元となるものは火の元素よりなり、呼気・吸気は風の元素よりなり、内臓間の空隙は

虚空の元素よりなるというわけです。

ちなみに、チャラカやニヤーヤ学派は元素（mahābhūta）として地・水・火・風・虚空の五つを数えますが、ヴァイシェーシカ学派は、虚空を元素とは認めません。おそらく、地・水・火・風は原子という状態を持ちますが、虚空はそうではないからということだと考えられます。

〔身体は〕知覚される〔地・水・火の〕三つによって造られているのであろう、〔という反論に答えていわく〕。

〔スートラ四・二・二〕また、他の性質が現れないから、〔身体が地・水・火の〕三つよりなることもない。（guṇāntarāprādurbhāvāc ca tryātmakam api na.）

もしも〔身体が〕地・水・火により造られているとすれば、特質の異なる色などより、結果〔である身体〕において特質の異なる別の性質が生ずることになろう。しかし、実際にはそのようなことはなく、むしろ我々は〔身体に〕地の色などのみを知覚する。したがって〔身体が〕三つよりなることはない。

〔スートラ四・二・三〕しかし、五つが互いに本性によって結合することは否定されない。

(ātmasaṃyogas tv avipratiṣiddho mithaḥ pañcānām.)

ātman というのは「本性」(svarūpa) という意味である。本性によって五つのものが互いに結合することは否定されない。ただし、身体を造らないものとしてであるが。地よりなる身体に、水などは結合するのであって、内属するのではない。水界などにおいては、水などによって陰門より生ずるものではない身体が造られる。

〔解説〕

地界の身体は地よりなり、水界の身体は水よりなり、火界の身体は火よりなり、風界の身体は風よりなるとされます。

なぜか。

〔スートラ四・二・四〕〔身体は〕多くの点(=原子)にもとづくからである。(anekadeśapūrvakatvāt.)

「多くの点」とは諸原子のことである。水〔界〕などの身体は、それらによって造られるのであって、精液と経血によって〔造られるのでは〕ない。

また、そのことは、

〔スートラ四・二・五〕〔身体は〕特殊な功徳によって〔造られる〕。（dharmaviśeṣāt.）

特殊な功徳を動力因とする諸原子こそが身体を造るのであって、精液などが造るのではない。すなわち、どうして功徳を有するものにとって、身体が精液よりなることがあろうか。

またこれにより、

〔スートラ四・二・六〕特殊な結果から〔陰門より生ずるものではない身体があると我々は考える〕。（kāryaviśeṣāt.）

イナゴなどの身体という特殊な結果から、われわれは、陰門より生ずるものではない（＝精液と経血より生ずるものでない）〔身体〕があると考える。

またこれにより、

〔スートラ四・二・七〕 語源説明が存在するから〔陰門より生ずるものでない身体があると我々は考える〕。(samākhyābhāvāt.)

《アンギラス仙は炭より生まれた》というような語源説明が存在するから、我々は陰門より生ずるものでない〔身体〕があると考える。

なぜか。

〔スートラ四・二・八〕 呼称は始まりを有するから〔語源説明は正しいのである〕。(sañjñādimattvāt.)

炭から誕生したものを知覚によって見て、人は「アンギラス仙」などという呼称を導き出す。このゆえに、呼称は始まりを有するから語源説明は正しいのである。

このゆえに、

〔スートラ四・二・九〕 また、ヴェーダ聖典という標印により、陰門より生ずるものではない〔身体〕がある。(santy ayonijā vedaliṅgāc ceti.)

また、《月は意より生まれた》などというヴェーダ聖典という標印から、陰門より生ずるものでない特殊な身体がある。同様にして、水〔界〕などの身体は陰門より生ずるものではないものだけである。他方、地の〔身体には、〕陰門より生ずるものと陰門より生ずるものではないものとがある。

第五章　第一日課

以上のように実体が説明された時点で、少しく語られなければならないので、性質〔の説明〕を飛び越して、運動について語ることにする。その内、

〔スートラ五・一・一〕自己と〔手と〕の結合と内的努力により、手に運動が生ずる。（ātmasaṃyogaprayatnābhyāṃ haste karma.）

内的努力はみずからの拠り所（＝自己）と〔動かすものと〕の結合を動力因とするものであるから、運動が造られるさいには、自己と手との結合が運動の原因である。結合は動力因を前提とするものであるから、内的努力も原因である。ゆえに、この二つによって手に運動が生ずる。

〔スートラ五・一・二〕また同様に、手との結合により杵の運動が生ずる。（tathā musalakarma hastasaṃyogāc ca.）

「同様に」というのは、単なる考察の延長を意味する。したがって、杵の運動の原因は、手と杵との結合と、先に問題とされた内的努力とである。しかし、自己と〔手と〕の結合は、杵の運動の非質料因ではない。自己と結合した手との結合によってのみ、杵の運動は確立されるからである。

〔解説〕

この場合の杵の運動の非質料因は、手と杵との結合にほかなりません。

〔スートラ五・一・三〕打撃より生ずる杵の運動については、手と〔杵と〕の結合は、〔すでに〕関係がなくなっているので、原因ではない。（abhighātaje musalakarmaṇi vyatirekād akāraṇaṃ hastasaṃyogaḥ.）

速力を有する実体との結合が打撃である。臼への打撃より生じた杵の跳ね上がりの運動については、手と杵との結合はその原因ではない。なぜなら、先の内的努力は、打撃によって消滅しているからである。「杵という実体は跳ね上がれ」という欲求は存在しないから、別の内的努力は存在しない。また、結合は、性質と運動を造るさいには、他のものを必要とする原因であるから、内的努力を伴わない手と杵との結合は、〔杵の〕跳ね上がりの原因ではない。

〔解説〕

運動の原因となる結合には、打撃（abhighāta）と揺さぶり（nodana）と結合したものへの結合（saṃyuktasaṃyoga）があります。打撃は一瞬結合したものどうしの分離を生じます。揺さぶりはそうした分離を生じません。結合したものへの結合とは、例えば二つくっついて並んだ鉄球の一方に打撃なり揺さぶりなどの結合が生じますと、その結合した一方の鉄球に結合している他方の鉄球に運動が生じます。

〔スートラ五・一・四〕同様に、自己と〔手と〕の結合は、手と杵の〔跳ね上がり〕運動の〔原因ではない〕。（tathātmasaṃyogo hastamusalakarmaṇi.）

手と杵との結合が杵の跳ね上がり運動の原因ではないのとまったく同様に、自己と手との結合も、手の跳ね上がり運動の原因ではない。なぜなら、結合は他のものを必要とする原因であるから、また、「杵とともに手が跳ね上がれ」という欲求がないため、内的努力がないからである。

杵と手との跳ね上がりはどうして起こるのかという問いに答えていわく。

〔スートラ五・一・五〕他方、杵の〔臼への〕打撃から、杵と手との結合から、手に運動が生ずる。
（musalābhighātāt tu musalahastasaṃyogād dhaste karma.）

杵の臼への打撃が跳ね上がり運動の原因である。他方、杵に存する速力を動力因とする手と杵との結合は、手の運動の原因である。その原因は打撃ではない。〔打撃は〕手に内属していないからである。

〔解説〕

打撃は杵に内属しているのです。

〔スートラ五・一・六〕また同様に、身体の一部分の運動は、手と〔身体の一部分と〕の結合より生ずる。（tathātmakarma hastasaṃyogāc ca.）

また、手と杵とにはこうした無意識の運動が生ずるが、それとまったく同様に、手に存する速力を動力因とする手と〔身体の〕一部分との結合より、手が跳ね上がるときに、その部分に無意識の運動が生ずる。

〔スートラ五・一・七〕〔手と杵との〕結合がないならば、〔杵は〕重さにより落下する。（saṃyogābhāve gurutvāt patanam.）

〔手と杵との〕分離により手と杵との結合が消滅したとき、〔杵は〕重さにより落下する。

〔スートラ五・一・八〕特殊な揺さぶりがなければ、上方にであれジグザグにであれ〔杵の〕進行はない。(nodanaviśeṣābhāvād nordhvaṃ na tiryag gamanam.)

「揺さぶるもの」というのが「揺さぶり」の語源である。揺さぶりは、速力や内的努力を動力因とする特殊な結合のことである。〔運動を〕促進する内的努力がなければ揺さぶりはないから、単なる重さだけからでは、上方であれジグザグであれ杵の進行運動は生じない。

どのようにして特殊な揺さぶりがあるのか。

〔スートラ五・一・九〕特殊な内的努力から特殊な揺さぶりが生ずる。(prayatnaviśeṣān nodanaviśeṣaḥ.)

「私はここでこれを投げよう」という特殊な欲求から生ずる内的努力が生ずると、それは、手などという実体と別の実体との、揺さぶりと称される結合を生ずる。

〔スートラ五・一・一〇〕特殊な揺さぶりから特殊な投げ上げが生ずる。(nodanaviśeṣād udasanaviśeṣaḥ.)

遠くの地点に動かそうとする欲求に限定された内的努力より生じた特殊な揺さぶりは、遠くの地点への投擲を作る。

〔スートラ五・一・一一〕手の運動〔についての説明〕によって子供（＝胎児）の運動が解明された。（hastakarmaṇā dārakakarma vyākhyātam.）

胎児の震動などの運動は、生命活動にもとづく内的努力を動力因とする〔胎児の〕自己と身体の一部分との結合より生ずるから、意識的な運動である。母親が〔胎児に成り代わって〕なすべき〔排泄のための〕便所へ接近するという運動は、不可見力を動力因とする胎児の自己と〔母親の身体と〕の結合より生ずるもので、無意識的な運動である。

〔スートラ五・一・一二〕火に焼かれた人の突発的行為もそれと同様である。（tathā dagdhasya visphoṭanam.）

意が〔別のところに〕固定されているときに、火に焼かれた人の手などがあちこちに動くこと、それも、生命活動にもとづく内的努力を動力因とする自己と手との結合により生ずるのであるから、無意識的な運動ではない。

〔解説〕
これは、意が皮膚と接触して熱の触を捉える前に、つまり「熱い」との感覚を憶える前に、体が勝手に動くことの説明です。

〔スートラ五・一・一三〕内的努力がないとき、重さから眠っている人の〔肢体の〕落下がある。（prayatnābhāve gurutvāt suptasya patanam.）

身体を支える内的努力がないとき、眠っている人の肢体の落下が重さから生ずる。なぜなら、そのとき、欲求がないからである。

〔スートラ五・一・一四〕風との結合により草の運動がある。（tṛṇakarma vāyusaṃyogāt.）

速力を動力因とする風と草との結合により、草などの運動がある。なぜなら、〔草などには〕内的努力がないからである。

〔スートラ五・一・一五〕〔容疑者取り調べにさいしての〕摩尼珠の〔盗賊への〕進行・針の〔磁石への〕

接近というのは、不可見力のなせるわざである。（maṇigamanaṃ sūcyabhisarpaṇam ity adṛṣṭakāritāni.）

〔容疑者取り調べにさいしての〕摩尼珠の盗賊への進行と針の磁石への進行とは、功徳と罪障によって作られたものである、という意味である。

〔スートラ五・一・一六〕〔運動する〕矢に特殊な諸結合が同時にではなく〔継起する〕ことが、運動が他にもあることの理由である。（iṣāv ayugapat saṃyogaviśeṣāḥ karmānyatve hetuḥ.）

揺さぶりから〔矢に〕最初の運動が生じ、潜在的印象から多くの運動が矢に生ずる。他方、運動が一つであるとすると、まさに最初の虚空〔のある場所〕との結合によって〔矢の〕運動は消滅してしまうから、その後の〔矢と虚空のいくつもの場所との〕結合と分離が生じないことになってしまうであろう。したがって矢の運動は多数である。

〔スートラ五・一・一七〕矢には揺さぶりによって最初の運動が生じ、そしてその運動により作られた潜在的印象から次の運動が生じ、同様にして次々と運動が生ずる。（nodanād ādyam iṣoḥ karma karmakāritāc ca saṃskārād uttaraṃ tathottaraṃ uttaraṃ ca.）

揺さぶりとは、内的努力を動力因とする、あるいは弦に存する速力を動力因とする弦と矢との結合のことである。そこで、揺さぶりを動力因とする矢の最初の運動は、潜在的印象を作る。ちなみに、その潜在的印象は、結合と分離を動力因とするものではない。それから、〔虚空のある場所との〕結合により、〔矢の最初の〕運動が消滅し、揺さぶりが〔矢とそれ以前の虚空の場所からの〕分離によって消滅したとき、最初の運動より生じた潜在的印象が矢の次の運動を作る。同様にして次々と運動が生ずる。「次々と」というのは、さらにさらにという意味である。

〔スートラ五・一・一八〕潜在的印象がなければ、〔矢は〕重さにより落下する。（saṃskārābhāve gurutvāt patanam.）

触を有する実体（＝障害物）との結合により潜在的印象がなくなることにより、重さがその〔矢の〕落下運動を作る。

第五章　第二日課

身体に関わるもの、およびそれと結びついたものの運動を説いた後、元素の運動を説明する。

〔スートラ五・二・一〕揺さぶりと打撃と結合したものへの結合から、地の運動がある。(nodanād abhighātāt saṃyuktasaṃyogāc ca pṛthivyāṃ karma.)

重さ・流動性・速力・内的努力のすべてそしてまた個別を動力因とすることのない特殊な結合は、揺さぶり、つまり動かすことから運動を作るが、その運動は〔結合したものどうしが〕分離しないことの原因なのであるが、そうした運動の原因が揺さぶりである。すなわち、足などによって揺さぶられている、泥と称される地に運動が生ずる。

打撃によって打撃を受けつつあるものが〔それと結合したものと〕分離する原因である運動の原因である、速力を動力因とする結合が打撃である。すなわち、車などによる打撃により、地の一部分に運動が見られる。

「結合したものへの結合から」について。揺さぶられているもの、および打撃を受けつつあるもの(=結合したもの)と結合したものに運動が生ずる。

〔解説〕

揺さぶり(nodana)とは、例えば、槍を投げるとき、投擲の瞬間まで、手と槍とは結合したままで分離することはない、そのような、運動の原因としての結合のことです。また、打撃（abhighāta）とは、例えば、杵で臼を搗いた直後に、つまり杵と臼とが結合した直後に杵と臼との分離が生ずるという、そのような、運動の原因としての結合のことです。

〔スートラ五・二・二〕それは、とりわけて不可見力（＝功徳と罪障）のなせるわざである。（tad viśeṣeṇādṛṣṭakāritam.）

実に、相反する運動を有する風どうしの結合から、人々に善悪を指し示すために全大地に生ずる震動（＝地震）などの運動、それは、すべての人々に善悪を指し示すから、とりわけて不可見力（＝功徳と罪障）のなせるわざである。

〔スートラ五・二・三〕水は、〔風や雲との〕結合がなければ、重さにより落下する。（apāṃ saṃyogābhāve gurutvāt patanam.）

〔水を〕保持する風や雲との結合がなければ、重さにより、水には落下運動が生ずる。

〔スートラ五・二・四〕それは、とりわけて不可見力（＝功徳と罪障）のなせるわざである。（tad

viśeṣeṇādṛṣṭakāritam.）

穀物の成長のため、あるいは消滅のために、すべての人々の不可見力（＝功徳と罪障）によって生じた〔水の〕落下運動は、不可見力のなせるわざである。

〔スートラ五・二・五〕流動性から流れがある。（dravatvāt syandanam.）

〔水を〕保持するものがなければ、流動性により、水に流れという運動が生ずる。

〔スートラ五・二・六〕太陽光線と風との結合により、〔水の〕立ち昇りがある。（nāḍyā vāyusaṃyogād ārohaṇam.）

太陽には清澄光と白色光との二つの光線がある。清澄光は水を受け取り、白色光によって〔穀物の〕成長を促す。風と結合し、太陽神の内的努力を動力因とする清澄光と称される太陽光線によって〔水の〕立ち昇りがある。

〔スートラ五・二・七〕揺さぶりから、圧迫から、また、結合したものへの結合から〔水の立ち昇りがある」。（nodanāt pīḍanāt saṃyuktasaṃyogāc ca.）

不思議な棒などによる揺さぶりから、衣などによる圧迫から、圧迫されつつあるものや揺さぶられているものに水の立ち昇りがある。

〔スートラ五・二・八〕〔水が〕樹木に向かっていくことは、不可見力（＝功徳と罪障）のなせるわざである。（vṛkṣābhisarpaṇam ity adṛṣṭakāritam.）

樹木の根に撒かれた水が樹木の上の方に進行することは不可見力（＝功徳と罪障）によってなされる。

〔スートラ五・二・九〕水の凝固と溶解とは火との結合による。（apāṃ saṅghāto vilayanaṃ ca tejasaḥ saṃyogāt.）

水の凝固、つまり固くなることは、天の火との結合により、溶解は天と地との火との結合による。

〔スートラ五・二・一〇〕〔天の水に火があるという、〕そのことについては、雷が標印である。
（tatrāvasphūrjathur liṅgam.）

《天の水に火がある》ということについては、雷という、火の雲からの発出が標印である。

〔スートラ五・二・一一〕また、ヴェーダ聖典の文章が〔天の水に火があるということについての標印である〕。（vaidikaṃ ca.）

また、《多彩なるものは火という胎児を宿す》（典拠不明）というヴェーダ聖典の文章が、天の水にある火の標印である。

〔スートラ五・二・一二〕水の結合と分離とにより雷鳴がある。（apāṃ saṃyogād vibhāgāc ca stanayitnuḥ.）

「雷鳴」とは、雲から発する電光の音のことである。反対方向の運動を有する二つの風によって動かされ、波立たされている水の、相互打撃と称される結合により音が生ずる。ただ一つの怒れるごとく激しい風によって分断されつつある水の分離により音がある。

〔スートラ五・二・一三〕地の運動によって、火の運動と風の運動が解明された。（pṛthivīkarmaṇā tejaḥkarma vāyukarma ca vyākhyātam.）

揺さぶり・打撃・結合したものへの結合・不可見力によって地に運動が生ずるが、火と風の運動もまた同様である。これは特定されない運動である。

これにたいして、以下は特定されている運動である。

〔スートラ五・二・一四〕火の燃え上がり、風のジグザグ吹き、〔世界創造の始めにおける〕原子と意との最初の運動は、不可見力（＝功徳と罪障）のなせるわざである。（agner ūrdhvajvalanaṃ vāyoś ca tiryakpavanam aṇumanasoś cādyaṃ karmety adṛṣṭakāritāni.）

火が静止していたりジグザグに進行するとしたならば、焼かれている人が灰になることはないであろう。あるいは水が〔蒸発することはないであろう〕。同様に、風がジグザグに進行しないとしたならば、供物を浄めている人々にとって浄めることがないことになり、火を熾すこともないことになるであろう。

身体を失った（＝解脱した）自己にとって、世界創造の始めに、地などの原子において、最初の相互接近運動はないであろう。相応の境地に達し、劫の終わりに（＝世界還滅の寸前に）意図的に内的努力によって意を身体から引き離して安住しているヨーガ行者にとって、世界創造の始めに、新たな身体と結びつくために、意に最初の運動が生ずることはないであろう。なぜなら、〔両者ともに、〕不可見力（＝功徳と罪障）がないからである。

したがって、火の燃え上がり、風のジグザグ吹き、原子の相互接近運動、〔世界創造の始めにおける〕意の最初の運動、これらは生類の不可見力（＝功徳と罪障）によって作られたものである。

〔スートラ五・二・一五〕手の運動によって、意の運動が解明された。（hastakarmaṇā manasaḥ karma vyākhyātam.）

自己との結合と内的努力とによって手に運動が生ずるが、それと同様に、自己との結合と内的努力によって意に運動が生ずるが、これは身体を有する人における運動である。その内、覚醒している人の場合、欲求と嫌悪にもとづく内的努力によって〔意の運動があり〕、他方、目覚めたてのときにおいては、生命活動にもとづく内的努力によって〔意の運動がある〕。

結合のよってくるところのもの、それがヨーガであり、また運動によって作られるものである。このゆえに、運動はヨーガの支分である。ヨーガと解脱は運動を論ずる節でも論ぜられる。

〔スートラ五・二・一六〕自己と感官と意と対象の接触より楽と苦が生ずる。それ（＝接触）が〔楽と苦を〕造るということがないこと〔というのがヨーガである〕。（ātmendriyamanorthasannikarṣāt sukhaduḥkhe tadanārambhaḥ.）

自己と感官と意と対象の接触は知識の原因であるがゆえに楽と苦を生ぜしめるのであるから、それ、すなわち接触に〔楽と苦を〕造るということがないこと、つまり、もの（＝楽と苦）が〔それより〕生じないということ〔というのがヨーガである〕。

〔スートラ五・二・一七〕意が自己に住しているとき、身体を有する〔自己〕に楽と苦はない。それがヨーガである。（ātmasthe manasi saśarīrasya sukhaduḥkhābhāvaḥ sa yogaḥ.）

意が諸感官にではなく自己に住しているとき、四者の接触は〔楽と苦を〕造ることがないから、その結果である楽と苦とが身体の存する自己にないという形の、風（＝気息）の抑止（＝制息）を動力因とする自己と意との結合がヨーガである。

ヨーガの支分である制息という運動がなぜ語られないのか。〔そこで答えていわく。〕

〔スートラ五・二・一八〕身体の運動によって、風（＝気息）の運動が解明された。
(kāyakarmaṇātmakarma vyakhyātam.)

ここでātmanという語は風を意味する。自己との結合と内的努力とによって手に運動が生ずるが、それと同様に、自己と風（＝気息）との結合によって、また内的努力によって、制息という運動が生ずる。

〔スートラ五・二・一九〕〔意の身体からの〕退出・〔意の身体への〕接近・〔母親が摂取した〕食べたものと飲んだものとの〔胎児との〕結合・〔成長に応じた〕他の結果（＝身体）との結合は、不可見力（＝功徳と罪障）のなせるわざである。(apasarpaṇam upasarpaṇam aśitapītasaṃyogaḥ kāryāntarasaṃyogāś cety adṛṣṭakāritāni.)

死ぬときに、以前の身体から意が出ていくことが退出である。〔生まれ変わるときに、〕別の身体と結びつくことが接近である。

精液と経血〔とが結びついて〕以来、母胎に存する〔胎児の、〕母親によって摂取され、脈管に入り込んだ食べものと飲みものとの結合、これが食べたものと飲んだものとの結合である。

ただ一度の輪廻において、カララ・アルブダ・マーンサ・ペーシー・ガナ・シャリーラなどとの結合、それが他の結果との結合である。

それら退出などは、不可見力（＝功徳と罪障）によって作られるのであって、内的努力によって作られるのではない。

〔解説〕

「カララ」などは、胎児の成長段階に応じた身体の名称のことです。

〔スートラ五・二・二〇〕それ（＝不可見力＝功徳と罪障）がなければ〔自己と意との〕結合がなく、〔別の身体が〕現れない。それが解脱である。（tadabhāve saṃyogābhāvo 'prādurbhāvaḥ sa mokṣaḥ.）

以上のような、始まりのない〔意〕の退出など（＝輪廻）の原因である不可見力（＝功徳と罪障）がなければ、生命活動と称せられる自己と意との結合がなく、また、別の身体が現れない。それが解脱である。

すべての人は闇黒に覆われているから、すべての人に知識が生じない原因は闇黒である。それはまた、

〔スートラ五・二・二一〕闇黒は、実体・性質・運動と特質が異なるから、たんなる有(=光)の無に過ぎない。(dravyaguṇakarmavaidharmyād bhāvābhāvamātraṃ tamaḥ.)

消滅するものとしては常住の実体とは特質が異なるから、また、中身がつまっていないこと・触を有しないこと・光によって破壊されることによって無常の実体とは特質が異なるから、闇黒は実体ではない。拠り所が認識されないから、闇黒は性質でも運動でもない。したがって、闇黒は、たんなる光の無に過ぎない。

なぜそうなのか。

〔スートラ五・二・二二〕また、火(=光)が別の実体によって覆われることから〔闇黒はたんなる光の無に過ぎない〕。(tejaso dravyāntareṇāvaraṇāc ca.)

太陽光などの火(=光)は、外部には存在し、別の実体によって覆われている山の洞窟などには存在しないから、我々は、闇黒はたんなる火(=光)の無に過ぎないと考える。外的な〔闇黒〕は燈火などによって消されなければならない。他方、無知を本質とする〔闇黒〕は、知識の光によって消されなければならない。以上、ヨーガと解脱について述べられた。

〔スートラ五・二・二三〕また、空間・時間・虚空は、運動を有するものとは特質を異にしているから、運動を有しない。（dikkālākāśaṃ ca kriyāvadbhyo vaidharmyān niṣkriyāṇi.）

虚空・時間・空間は中身のつまっていないものであり、中身がつまっていないがゆえに、運動を有する地などとは特質を異にしているから、運動を有しない。

〔スートラ五・二・二四〕このことによって、運動と性質とが解明された。（etena karmāṇi guṇāś ca vyākhyātāḥ.）

このことによって、すなわち中身がつまっていないものであることによって、性質と運動とは運動を有しないものであると見なければならない。「と」（ca）という語によって、普遍なども含まれる。

〔スートラ五・二・二五〕運動を有しないものには、運動の内属が否定されている。（niṣkriyāṇāṃ samavāyaḥ karmabhyaḥ pratiṣiddhaḥ.）

〔性質である結合の特殊形態である〕打撃など、運動を有しないものには運動は内属しない。なぜなら、〔運動は〕みずからの拠り所に運動を生ぜしめるからである。

〔スートラ五・二・二六〕他方、性質は、〔それに〕内属していないものの原因である。（**kāraṇaṃ tv asamavāyino guṇāḥ.**）

性質を原因にするといわれたもの、その、内属していないものの原因〔が性質である〕。

〔解説〕

たとえば、糸の色は、それに内属していない布の色の原因だということです。

〔スートラ五・二・二七〕性質によって、空間が解明された。（**guṇair dig vyākhyātā.**）

空間は、「東に向かって出ていく」などというさまざまな観念の動力因であると解明された。内属していないことによってではなく、原因であるということによって〔性質の特性が空間に〕拡大適用されたのである。

〔スートラ五・二・二八〕原因ということによって、時間が〔さまざまな観念の動力因であることが解明された」。（kāraṇena kāla iti.）

原因ということによって、空間はさまざまな観念の原因であると解明されたが、まさに同じく原因ということによって、時間が、「同時に為された」などというさまざまな観念の動力因であることが解明された。

第六章　第一日課

運動を解明した後、性質が解明される。その内、最初に功徳が解明される。なぜなら、本書の最初に功徳が提示されているからである。功徳の成就手段はヴェーダの命令である。ヴェーダ聖典が真実であるのはどうしてかといえば、それは次の理由による。

〔スートラ六・一・一〕ヴェーダの文章は〔最高神の〕知識にもとづいている。(buddhipūrvā vākyakṛtir vede.)

《天界を望む者はアグニホートラ祭を行うべし》というような祖述は、幸あるお方である最高神の知識にもとづいており、それゆえ権威である。信頼さるべき者によって提示されたということは、真実性を遍満しているからである。

感官を超越したものを知ることはできないのではないかというならば、

〔スートラ六・一・二〕また、聖仙(＝最高神)の知識は我々の知識のようなものではない。(na cāsmadbuddhibhyo liṅgam ṛṣeḥ.)

「ものを印づけるもの」というのがリンガ、つまり知識である。すなわち、我々の知識は、現に存在していて、何かによって隔てられておらず、〔感官と〕結びついたものを対象とするが、幸あるお方（＝最高神）の知識はそのようなものではまったくない。このゆえに、幸あるお方（＝最高神）の知識は、感官を超越したものを対象とし得るのである。

〔解説〕

聖仙がハイな状態でヴェーダ聖典を感得してそれをこの世に伝えるということからすれば、ここで問題とされている知識は、やはり聖仙の知識であって、最高神の知識であるとするには問題があります。このスートラで「聖仙」とあるのを、チャンドラーナンダは最高神と解釈しているのですが、かなり無理な解釈ではないかと思います。

最高神はどのようにして知られるのか。

〔スートラ六・一・三〕同様に、バラモンについての命名の行為が確立しているということが〔最高神が存在することの〕標印である。（tathā brāhmaṇe sañjñākarmasiddhir liṅgam.）

〔最高神の〕教えがないならば、バラモンなどに関するものを見つつある我々の知覚によって「これがバラモンである」という知識は生じない。また、知覚によってものを見た後に、息子などにたいする命名が見られる。また、知覚されるものを見た後で命名がなされるから、これら、バラモンなどの名称が存する、というのがスートラの意味の陳述である。

このゆえに、

〔スートラ六・一・四〕布施することは、〔ブリグなどの〕知識にもとづいている。（buddhipūrvā dadāti.）

ヴェーダ聖典などの文章・語の祖述は最高神の所作なのであるから、伝えられてきた布施の命令も、それに関する、無数の枝派によって異なっている聖典を見て、それらの要約を意に決したブリグなどの知識にもとづいている。このように、布施などの命令は功徳の原因である。

〔スートラ六・一・五〕布施の受領も同様である。（tathā pratigrahaḥ.）

まったく同様に、生活に困窮していて、生まれが浄く、布施を受領するにふさわしい美徳を具えた人が布施を受領することも、まさに功徳の存在を知らしめる。

〔スートラ六・一・六〕相互に支分でないものどうしに〔順序がある〕ように、〔布施と布施の受領という〕両者には順序がある。(tayoḥ kramo yathānitaretarāṅgabhūtānām.)

諸々のものが相互に支分ではないとは、相互に因果関係にはないということである。というのも、引火木は火の原因ではなく、むしろみずからを部分として有するもの（＝独立したもの）である。そしてまた、引火木と火には順序がある。それと同様に、布施と布施の受領には、先に布施という功徳があり、後に布施の受領という功徳があるという順序がある。しかし、両者は因果関係にはない。

なぜなら、

〔スートラ六・一・七〕他の自己の性質は、ある自己の性質の原因ではないからである。(ātmaguṇeṣv ātmāntaraguṇānām akāraṇatvāt.)

というのも、ある人の自己の性質は、他の人の自己の性質の原因ではないからである。

その点について、

〔スートラ六・一・八〕汚れのない〔バラモン〕**に食を供することから、**〔また、祝福のことばなどを〕**ともに唱えることから、生天がある。**（aduṣṭabhojanāt samabhivyāhārato 'bhyudayaḥ.）

汚れのないバラモンに食を供してから、それに関して祝福のことばなどをともに唱えることにより、人間の生天がある。その原因が功徳である、という意味である。

〔スートラ六・一・九〕汚れのある〔バラモン〕**に食を供するときには、そのようなことはない。**（tad duṣṭabhojane na vidyate.）

たとえ祝福などのことばがあっても、汚れのあるバラモンに食を供しては、生天は得られない。

では、どのような人が汚れた人であるのか。

〔スートラ六・一・一〇〕損傷において汚れが生ずる。（duṣṭaṃ hiṃsāyām.）

身体と意との苦という形をとる他人の損傷において汚れが生ずると知らねばならない。「損傷」という語は一つの指標である。なぜなら、

〔スートラ六・一・一一〕ことばを交えることから汚れが生ずる。（samabhivyāhārato doṣaḥ.）

大罪を犯した者とただ会話するだけで人は汚れと結びつく。ましてや〔そういう者に〕食を供することなどはなおさらである。ことばを交えることとは、会話することであり、先に祝福のことばとあったのがそれである。

〔スートラ六・一・一二〕それ（＝ことばを交えることによる汚れ）は、汚れのない〔バラモン〕には存在しない。（tad aduṣṭe na vidyate.）

それ、すなわちことばを交えることによる汚れは、損傷などを離れているバラモンには存在しない。

汚れのない人においても、

〔スートラ六・一・一三〕勝れた人にたいして、〔生天を求める人の〕行動がある。（viśiṣṭe pravṛttiḥ.）

損傷などだけを離れている人にたいしてではなく、場所・時間・知識・行いによって勝れたバラモンにたいして、生天を求める人の行動がある。

さらに、

〔スートラ六・一・一四〕等しい人と劣った人にたいしては、〔生天を求める人の〕行動はない。（same hīne cāpravṛttiḥ.）

場所などと結びついた汚れのないバラモンが勝れた人といわれる。〔場所・時間・知識・行いの内〕一つの美徳を具えた〔バラモン〕が等しい人である。すべての美徳を具えた〔バラモン〕が勝れた人である。両者を除いて、他の汚れた〔バラモン〕、あるいはクシャットリヤなど、あるいはたんなる生物に過ぎないものは劣った人といわれる。マントラにもとづき、ヴァイシャーカ月祭などを契機とする黄金などの布施について、等しい人と劣った人にたいして、生天を希求する人の行動はなく、勝れた人にたいする行動がある。

〔スートラ六・一・一五〕これによって（＝逆の順序によって）劣った人・等しい人・勝れた美徳家からの、他人からの取得が解明された。（etena hīnasamaviśiṣṭadhārmikebhyaḥ parādānaṃ vyākhyātam.)

これによって、すなわち逆の順序によって、窮迫時における他人からの取得が解明された。《最初に劣った人から取得されるべきである。そういう人がいなければ等しい人からも取得されるべきである。一方、それが不可能な場合には、美徳を具えた勝れた人からも取得されるべきである。》（『マハーバーラタ』一二・一四一・四〇）

〔解説〕

これは窮迫時法（āpaddharma）に関説したものです。バラモンが、飢饉や何らかの災害に見舞われたためにバラモンとしての階級的な義務（dharma）を遂行することが困難になったとき、バラモンは、自分よりもずっと下の階級の者から残飯を取得するなどの行為をしてもかまわないとされます。そして、窮迫状態から脱したとき、沐浴などをすれば、蓄積していたすべての不浄が取り除かれるとされます。この窮迫時法は、バラモン階級にのみ許された特権的な法なのです。

〔スートラ六・一・一六〕同様に、敵対者の〔生命の〕破棄がある。（tathā viruddhānāṃ tyāgaḥ.）

まさにこの逆の順序で、バラモンは、劣った敵対者によって自分が死地に追いやられたならば、他ならぬその敵を殺すべきである。

〔スートラ六・一・一七〕等しい人の場合は、自分の〔生命の〕破棄か他者の〔生命の〕破棄がある。(same ātmatyāgaḥ paratyāgo vā.)

自分と美徳の等しい敵と遭遇したバラモンには、選択肢がある。自分を殺害するか刺客を殺害するかである。

〔スートラ六・一・一八〕勝れた人の場合には、自分の〔生命の〕破棄がある。(viśeṣte ātmatyāgaḥ.)

自分よりも美徳の卓越した敵と遭遇した〔バラモン〕の場合には、敵によって行われる自分の殺害が認められなければならない。ここでは、自分との比較によって劣った人などといわれたのであり、布施の受領〔について論じた個所〕では、布施を受領する人々の相互の比較によったのである。

第六章　第二日課

以上のように、天啓聖典と憶念聖典との命令によって功徳があるといった後、今度は、功徳の確立のために、それらの命令のさまざまな種類を説く。すなわち、

〔スートラ六・二・一〕〔聖典にあまねく〕見られる、目的が目に見える〔徳目〕を、目に見える〔結果〕なしに実践することは生天をもたらす。(dṛṣṭānāṃ dṛṣṭaprayojanānāṃ dṛṣṭābhāve prayogo 'bhyudāya.)

天啓聖典と憶念聖典にあまねく見られる沐浴などが、垢の除去などという目に見えるものと結びついていないとき、それらを実践することは生天をもたらす。

〔スートラ六・二・二〕また、沐浴・断食・清浄行・師家住・林棲・供犠・布施・礼拝・方角の決まり・星宿の決まり・マントラの決まり・時間の決まりは、目に見えない〔結果〕をもたらす。(abhiṣecanopavāsabrahmacaryagurukulavāsavānaprasthayajñadānaprokṣaṇadiṅnakṣatramantrakāla-niyamāś cādṛṣṭāya.)

特定の場所と時間を待つ水と身体との結合が灌水、つまり沐浴である。

断食とは、夜に昼に決まりにもとづいて食事を摂らないという形態の生活のことである。

brahmanという語によって自己が意味されている。ブラフマンにおいて行ずるとは、女性などを遠ざけるという形態の、自己と意との結合のことであり、これが清浄行である。

師家住とは、知識などを求め、師に仕えることに専心する人が、師の家に住むことである。

聖典の命令によって家を出て森林に出向いた人のことを林棲者というが、その行為が林棲である。

供犠とは、燃焼による供犠などのことである。

布施には、黄金などの布施と無畏（＝不安のないこと）の布施とがある。

礼拝とは、〔朝夕の〕薄明時における神への崇拝などのことである。

方角の決まりなど他のものは特殊である。

方角の決まりとは、「東を向いて食べ物を摂るべし」というものである。

星宿の決まりとは、「クリッティカー星宿に置くべし」というものである。

マントラの決まりとは、「しかるに行って神に捧げる」というものである。

時間の決まりとは、「春にはバラモンに火を与えるべし」というものである。

このように、このすべては、目に見える目的を排して実践されているとき、功徳に至るのである。

その点について、

〔スートラ六・二・三〕四つの人生期に関わる〔行為〕は、偽れば〔罪障をもたらし〕、偽らなければ〔功徳をもたらす〕。(cāturāśramyam upadhāc cānupadhāc ca.)

四つの人生期に住する人の行為は、偽って実践されれば罪障をもたらすが、偽らないで実践されれば功徳をもたらす。

偽りとは何か。

〔スートラ六・二・四〕情態の欠陥が偽りである。(bhāvadoṣa upadhā.)

情態、すなわち心意の虚偽などの欠陥が偽りである。

偽らないこととは何か。

〔スートラ六・二・五〕欠陥のないことが偽らないことである。(adoṣo 'nupadhā.)

心意の虚偽などの欠陥を離れていることが偽らないことである。

〔スートラ六・二・六〕〔聖典に禁ぜられていない〕望ましい色・味・香・触を有するもの、〔マントラを唱えた後に〕灌水されたもの、〔純粋な水を〕注がれたもの、それ〔ら〕は清浄である。(iṣṭarūparasagandhasparśaṃ prokṣitam abhyukṣitaṃ ca tac chuci.)

憶念聖典において禁ぜられていない色などを有するもの、マントラを唱えた後に灌水されたもの、純粋な水を注がれたもの、それ〔ら〕は清浄である。

また、

〔スートラ六・二・七〕不浄とは、清浄の否定である。(aśucīti śucipratiṣedhaḥ.)

また、絶対的な清浄を否定するもの、〔例えば〕ことばによって汚されたものなどは不浄である。

〔スートラ六・二・八〕また、他のもの（＝酒など）も〔不浄である〕。(arthāntaraṃ ca.)

また、目の当たりに禁ぜられている酒なども不浄である。したがって、清浄なものが食べられなければならない。

〔反対論者いわく。〕

〔スートラ六・二・九〕 禁戒を守っていない人が清浄なものを食べたからといって、その人には生天はない。禁戒がないからである。（ayatasya śucibhojanād abhyudayo na vidyate yamābhāvāt.）

禁戒を守っていない人、すなわち特別な内的努力を欠いている人が、たまたま清浄な食べ物を食べたとしても、その人には生天がない。特別な心意がないからである。

〔答えていわく。〕そうではない。

〔スートラ六・二・一〇〕 また、禁戒は〔内的努力と〕別のものではないから、〔清浄な食物を食べれば生天は〕ある。（vidyate cānarthāntaratvād yamasya.）

禁戒は内的努力と別のものではない。内的努力がなければすべての行為はないのであるから、清浄な食べ物を食べている人には内的努力がある。

もしも内的努力が主要なものであるならば、ヨーガなどなしでも生天があることになろう、というならば、そうではない。

〔スートラ六・二・一一〕また、〔たんに内的努力があるからといって生天は〕ないからである。（asati cābhāvāt.）

ヨーガなどの実践がないときには、たんなる内的努力があっても生天はない。〔ヨーガなどの実践という〕行為についての教えが無用になるからである。

今度は、至福の原因となる功徳を説くことにする。

〔スートラ六・二・一二〕楽から貪欲が〔増大する〕。（sukhād rāgaḥ.）

女性などの対象より生じた他ならぬ楽から貪欲が増大する。

〔スートラ六・二・一三〕それ（＝楽の原因）より成るから〔貪欲が生ずる〕。（tanmayatvāt.）

その人の身体が楽の原因によって生ぜしめられているとき、その人はそれ（＝楽の原因）より成るかのようになる。したがって、それより成るから貪欲が生ずる。

また、

〔スートラ六・二・一四〕 満足から〔貪欲が生ずる〕。(tṛpteḥ.)

ある人が満足したとき、身体を増大させるために、満足にもとづく貪欲が生ずる。

〔スートラ六・二・一五〕 不可見力(=功徳と罪障)から〔貪欲が生ずる〕。(adṛṣṭāt.)

かつて見たことのないものと役に立たないものにたいして、ある人には貪欲が生ずる。この場合、不可見力(=功徳と罪障)こそが原因である。

また、

〔スートラ六・二・一六〕 また、異なる種類により異なる貪欲が生ずる。(jātiviśeṣāc ca rāgaviśeṣaḥ.)

動物には草などを食べたいとの〔貪欲が生ずる〕ように、異なる種類によっても〔異なる〕貪欲が生ずる。

楽などより貪欲が生じ、苦などより嫌悪が生ずる。そこで、

〔スートラ六・二・一七〕欲求と嫌悪にもとづいて功徳・罪障に向かう行動が生ずる。（icchādveṣapūrvikā dharmādharmayoḥ pravṛttiḥ.）

欲求にもとづいて功徳に向かう行動が生ずる。あるいは、他人が財に酔いしれているのに気圧された人には、嫌悪にもとづく、村を望む者の祭祀など〔という功徳〕に向かう〔行動が生ずる〕。他人の妻〔と交わる〕などという罪障に向かう〔行動〕は、欲求にもとづくこともあれば嫌悪にもとづくこともある。このようにして功徳と罪障は積まれていくのである。

以上のごとくであるから、

〔スートラ六・二・一八〕したがって、〔誕生時には自己と身体・感官との〕結合があり、〔死ぬときにはその〕分離がある。（tataḥ saṃyogo vibhāgaś ca.）

功徳と罪障とが積まれたとき、誕生時に、〔自己と〕身体・感官との結合があり、功徳と罪障が尽きて死ぬときに〔それらの〕分離がある。さらにまた、これら功徳と罪障によって、〔自己と〕身体などとの結合と分離があるというように、この生類は無始時以来、水車のように回転する。

それとは逆の順序で次のようにいわれる。すなわち、

〔スートラ六・二・一九〕意の運動〔を論じた個所〕において、解脱は解明されている。(ātmakarmasu mokṣo vyākhyātaḥ.)

ātmanというのは意のことを指す。《それ(=不可見力=功徳と罪障)がなければ〔自己と意との〕結合がなく、〔別の身体が〕現れない。それが解脱である。》(スートラ五・二・二〇)というように、すでに解脱は解明されている。

第七章　第一日課

今度は色などを説く。

〔スートラ七・一・一〕性質はすでに語られた。（uktā guṇāḥ.）

色などに関するスートラですでに提示された、という意味である。

〔スートラ七・一・二〕また、性質の特質（＝定義）もすでに語られた。（guṇalakṣaṇaṃ coktam.）

《実体を拠り所とし》（スートラ一・一・一五）などによって、〔性質が〕実体・運動とは特質を異にしていることがすでに語られた、という意味である。

〔スートラ七・一・三〕また、これはこのような性質を有し、これはこのような性質を有するということもすでに語られた。（idam evaṃguṇam idam evaṃguṇam iti coktam.）

すなわち、《地は、色・味・香・触を有する》（スートラ二・一・一）などということがすでに語られた。

〔スートラ七・一・四〕地の色・味・香・触は、〔拠り所である〕実体が無常であれば無常である。（pṛthivyāṃ rūparasagandhasparśā dravyānityatvād anityāḥ.）

水がめなどという地の実体が消滅すれば、そこに存する色なども、拠り所が消滅することによって消滅する。

〔スートラ七・一・五〕また、火との結合により〔常住である地の原子の色・味・香・触は消滅する〕。（agnisaṃyogāc ca.）

また、火との結合により、地の原子の色などは消滅する。これにたいして、結果〔としての地の実体〕に内属している〔色など〕は、拠り所が消滅することによって消滅する。

〔地の〕原子にある〔色などが〕どうして他ならぬ火との結合によって〔消滅するのか〕。

〔スートラ七・一・六〕別の性質が現れるからである。（guṇāntaraprādurbhāvāt.）

〔火と結合する前の生の粘土の水がめの色である〕黒色とは違った別の色（＝赤色）が〔火との結合

により〕生ずる。それゆえ、以前の原子の性質は消滅したのである。〔黒色という〕性質を有するものに〔同時に〕別の性質（＝赤色）は造られないからである。

〔スートラ七・一・七〕これによって、常住の〔地の原子〕における〔性質の〕無常性が語られた。（etena nityeṣv anityatvam uktam.）

これによって、すなわち別の性質が現れることによって、常住の〔地の〕原子における色などの無常性が語られたのであるが、このことは地の原子の場合に限る。

なぜなら、

〔スートラ七・一・八〕水・火・風の〔性質は、拠り所である実体が〕常住であれば常住である。（apsu tejasi vāyau ca nityā dravyanityatvāt.）

水・火・風の原子の色などは、拠り所〔である実体が〕常住であれば、また、相容れない別の性質が現れることがないから常住であり、火との結合により消滅することはない。

〔スートラ七・一・九〕 無常である〔水などの実体にある性質は、拠り所である〕実体が無常であるから無常である。(anityeṣv anityā dravyānityatvāt.)

無常である水などの色などは無常である。なぜなら、拠り所〔である実体〕が消滅すればそれらも消滅するからである。

〔スートラ七・一・一〇〕 地における〔色などの性質には、〕原因〔である実体の〕性質にもとづくものと、燃焼により生ずるものとがある。(kāraṇaguṇapūrvāḥ pṛthivyāṃ pākajāś ca.)

地の場合、結果〔である実体にある〕無常の色などは、原因〔である実体〕の性質にもとづく色などとして生ずる。これにたいして、原子を本性とする常住の〔地〕にある〔色などは〕燃焼により生ずるものであり、燃焼、つまり火との結合により生じたものである。

〔スートラ七・一・一一〕 水・火・風にある〔色などは〕原因〔である実体の〕性質にもとづくものであり、燃焼により生ずるものはない。(apsu tejasi vāyau ca kāraṇaguṇapūrvāḥ pākajā na vidyante.)

結果である水などの全体にある色などは、質料因の色によって造られる。しかし、水などの原子には、燃焼により生ずる性質はまったく存在しない。相容れない別の性質が〔現れ〕ないからである。

〔スートラ七・一・一二〕性質を有しない実体に性質が造られるのであるから、運動と性質は性質を有しない。（aguṇasya dravyasya guṇārambhāt karmaguṇā aguṇāḥ.）

生じた〔瞬間における〕性質を有しない実体にこそ、原因〔である実体〕の性質によって性質が生ずるのであって、性質や運動に性質が生ずるのではない。〔性質は〕すべての部分にある〔別の〕性質〔が内属しているものと〕同じものに内属することがないからである。例えば運動性のごとくである。

〔スートラ七・一・一三〕これによって、燃焼により生ずる〔性質〕が解明された。（etena pākajā vyākhyātāḥ.）

火との結合によって黒色などが消滅したとき、燃焼により生ずる性質が生ずる。燃焼により生ずる性質も性質を持たないことが確定された。

結合を有するものに結合が造られるのと同様に、性質を有するものに燃焼により生ずる性質が造られるのではないかというならば、そうではない。

〔スートラ七・一・一四〕〔燃焼により生ずる性質は〕一つの実体を〔拠り所として〕有するからである。(ekadravyavattvāt.)

燃焼により生ずる性質は一つの実体を〔拠り所として〕有する。それらがどうして同じところに造られることがあろうか。これにたいして、結合が結合を有するものに造られることは問題がない。なぜなら、〔結合は〕二つ以上の実体を〔拠り所として〕有するからである。

〔解説〕

燃焼(pāka)によって黒色が赤色を有するようになるのではないかという疑惑が、この説明によって排除されています。

量について今度は語ることにしよう。

〔スートラ七・一・一五〕小さなものと大きなものが知覚されたり知覚されなかったりということ

とは、常住〔を論じた個所〕においてすでに解明された。（aṇor mahataś copakabidhyanupalabdhī nitye vyākhyāte.）

「常住において」とは、〔常住を〕論じた個所においてということである。「知覚されるものには、必ず大性があるのにたいし、原子・二原子体・意は、小さいので知覚されない」というように、常住について論じた個所において、知覚の原因が大性であり、非知覚の原因が小性であることが語られている。知覚されるときには必ず大性がある。三原子体は大きいけれども、知覚されない。

〔スートラ七・一・一六〕 原因〔である実体〕が三つ以上あることから、原因〔である実体〕が大きいことから、特殊な集積から大きなものが生ずる。（kāraṇabahutvāt kāraṇamahattvāt pracayaviśeṣāc ca mahat.）

三原子体においては、その原因である二原子体に存する三つ以上という数が大性を生ぜしめる。なぜなら、〔三原子体の場合、〕原因〔である二原子体〕は大きくないからである。二指体においては、その原因である指にある大性が大性を作る。緩やかな結合が集積である。二綿体においては、二つの綿団塊に存し、みずからの拠り所である部分の緩やかな結合を動力因とする集積が大性を造る。

〔スートラ七・一・一七〕小さなものはその反対である。（tadviparītam aṇu.）

この三つの原因を持つ大きなものとは反対の二原子体の量、それが小さなものであると知られなければならない。

〔スートラ七・一・一八〕〔相対的に〕「小さい」「大きい」という〔慣用的言語表現〕は、**そのものに優越性があること、優越性がないことに由来する。**（aṇu mahad iti tasmin viśeṣabhāvād viśeṣābhāvātc ca.）

ある大きなものであるクヴァラヤなどにたいして、〔それよりも相対的に大きな〕アーマラカとの比較で「小さい」という慣用的言語表現がなされ、アーマラカにたいしては、〔それよりも相対的に小さな〕ビルヴァとの比較で〔「大きい」という慣用的言語表現がなされる〕。このように、優越性のあるなしによって、同じものについて「小さい」とか「大きい」とかという慣用的言語表現が第二義的に適用される。

それはなぜか。

〔スートラ七・一・一九〕〔大小の判断が〕同時だからである。(ekakālatvāt.)

まったく同時に、まったく同じものについて、他のものとの比較で二人の人が「小さい」「大きい」と相反する言語表現を為すから、我々は「これは第二義的な適用である」と知るのである。

その内、比較的小さなものについて、

〔スートラ七・一・二〇〕また、実例により〔大きいものから造られたものには大性のみがあって小性がないことが分かる〕。(dṛṣṭāntāc ca.)

白い糸から生じた結果〔である布〕には白色のみがあって黒色がないように、この実例により、大きいものから造られたものには大性のみがあって小性がない〔ことが分かる〕。

〔スートラ七・一・二一〕小性・大性には小性・大性が存在しないことは、運動と性質〔には性質が存在しないという議論〕によって解明された。(aṇutvamahattvayor aṇutvamahattvābhāvaḥ karmaguṇair vyākhyātaḥ.)

性質と運動は性質を有しない。なぜなら、結果〔である実体〕の色などは、部分〔である実体〕の性質と同じものに内属することがないからである。それと同様に、小性・大性は原因〔である実体にある〕三つ以上あることなどと同じものに内属することがないから、小性・大性がないのである。

〔スートラ七・一・二二〕小性と大性〔についての議論〕によって、運動と性質が〔小性・大性という〕性質を有しない〔ことが解明された〕。（aṇutvamahattvābhyāṃ karmguṇā aguṇāḥ.）

小性と大性は、原因である〔実体にある〕三つ以上であることなどと同じものに内属することがないから、小性と大性を持たない。それと同様に、運動と性質は小性・大性を持たない。

〔スートラ七・一・二三〕これによって、長性と短性とが解明された。（etena dīrghatvahrasvatve vyākhyāte.）

〔長性と短性は〕大性と小性と同様に知覚されたり知覚されなかったりする。また、原因〔である実体〕が大きいことなどにより長性が生ずる。短性はその反対である。あるものに優越性があるからということで、第二義的な〔相対的に「長い」「短い」という〕言語表現が同様にある。長性と短性には長性と短性がない、と、以上のように拡大適用されるのである。

〔スートラ七・一・二四〕運動〔は小性と大性を持たないということ〕によって、運動は〔長性と短性を持たず、〕性質〔は小性と大性を持たないということ〕によって、性質は〔長性と短性を持たない〕。(karmabhiḥ karmāṇi guṇair guṇāḥ.)

〔運動と性質は、〕原因〔である実体にある〕三つ以上であることなどと同じものに内属することがないから、小性と大性を持たない。それと同様に、これら運動と性質は、長性と短性を持たない。

〔スートラ七・一・二五〕それ(=この四種類の量)は、無常の〔実体〕にあれば無常である。(tad anitye 'nityam.)

この四種類の量は、無常の〔実体〕にあれば無常である。

しかし、

〔スートラ七・一・二六〕丸さ（＝極小性）は常住である。（nityaṃ parimaṇḍalam.）

原子の量が丸さである。それは常住である。

〔スートラ七・一・二七〕〔量を持たない実体が〕**あり得ないことが、**〔原子には極小の量が〕**あり得ることの標印である。**（avidyā vidyāliṅgam.）

量を持たない実体があり得ないことが、原子には極小の量があり得ることの標印である。avidyā とは「あり得ないこと」を意味し、vidyā は「あり得ること」を意味する。

〔スートラ七・一・二八〕遍在性のゆえに虚空は大きなものである。（vibhavād mahān ākāśaḥ.）

遍在性のゆえに、すなわち、いたる所にある中身のつまった実体と、動くことのない虚空とが結合することから、虚空には極大性があると理解される。

〔スートラ七・一・二九〕また、自己も同様である。（tathā cātmā.）

虚空と同様に、自己も極大であると見られるべきである。付け加えていえば、空間と時間も大きなものである。

〔スートラ七・一・三〇〕それ（＝遍在性）がないから意は小さなものである。（tadabhāvād aṇu manaḥ.）

遍在性がないから、また知識〔が生ずるのが〕同時でないから、意には小性がある。

〔スートラ七・一・三一〕〔中身のつまっている実体との結合と称される〕諸性質によって、空間〔が大性を有すること〕が解明された。（guṇair dig vyākhyātā.）

限界点を作った場所において「これはこれよりも東である」などという言語表現が中身のつまっている〔実体〕に適用される。このゆえに、中身のつまっている〔実体〕との結合と称される諸性質によって、空間が大性を有することが解明された。

同様に、

〔スートラ七・一・三二〕〔かなたである（＝年老いた）人などという〕原因によって時間が〔遍在であることが解明された〕。（kāraṇena kāla iti.）

かなたである（＝年老いた）人・こなたである（＝若い）人・混淆などという原因によって時間〔の存在〕が推論されるが、その原因はあらゆる所にあるから、まさにその原因によって時間が遍在であることが解明された。

〔解説〕

「混淆」（vyatikara）というのは、ある人は甲よりも若いが乙よりも年老いているということです。

第七章　第二日課

今度は、数などへと話を進める。〔実体の〕区別に関する言語表現の原因が数である。数は今や色などとは異なるものであるということを説いていわく。

〔スートラ七・二・二〕数一は、色・味・香・触とは異なるものであるからそれらとは別のものである。別異性も同様である。(rūparasagandhasparśavyatirekād arthāntaraṃ ekatvaṃ tathā pṛthaktvam.)

「これは一つである」などという観念は色などを原因としていない。なぜなら、〔そうした観念は〕それら(=色など)とは特質を異にしているからである。というのも、色などを原因とする観念というのは、「〔これは〕色を有する」などという観念であろうからである。したがって、〔「これは一つである」などという観念は〕別のものを原因とする。結果〔としての実体〕にある数一と一別異性は、原因〔としての実体〕にある性質にもとづく。数二などは、二つ以上のものを対象とする知識を伴った二つ以上の数一より生ずる。それとまったく同様に、二別異性などは、〔二つ以上のものを対象とする知識を伴った〕二つ以上の〔一〕別異性より生ずる。しかし、一別異性などには、下位の普遍がない。

〔解説〕

「下位の普遍」(aparasāmānya) というのは、牛性 (gotva) のように、普遍でありかつ特殊でもあるもののことをいいます。数一 (ekatva) などには、数一性 (ekatvatva) という下位の普遍がありますが、一別異性にはそれがありません。ちなみに、一別異性というのは、あるものが一つと数えられたとき、その数えられた一つのものは、数えられなかった他のものからは選別された異なるものであるということです。数一という性質の認識は、数一性という下位の普遍の認識に先行されますが、一別異性の認識に先行するものは一別異性性という下位の普遍ではなく、数一の認識なのです。ですから、一別異性の認識には、下位の普遍が不要なのです。不要なものを立てるのは、論理的な簡潔性の原則に合いませんから、そのようなものはないとされるのです。

〔スートラ七・二・二〕その両者(=数一と一別異性)が常住であったり無常であったりすることは、火の色と触とによって解明された。(tayor nityatvānityatve tejaso rūpasparśābhyāṃ vyākhyāte.)

〔原子という〕実体は常住であるから、火の原子にある色と触は常住である。それと同様に、数一と一別異性は、常住の実体にあれば常住である。また、無常の火にある色と触は、〔拠り所である〕実体が無常であるから無常である。それとまったく同様に、結果〔としての無常の実体〕にある数一と一別異性は無常である。

〔スートラ七・二・三〕また、〔数一と一別異性の〕発生も、〔火の色と触によって解明された〕。(niṣpattiś ca.)

また、結果である火において、色と触は原因〔である火〕の性質にもとづいて発生するが、数一と〔一〕別異性もそれと同様である。重さ・流動性・粘着性の〔発生も〕同様である。

〔解説〕

結果である実体にある数一と一別異性は、わたくしたちが数える以前から存在するものですから、それらは、原因である実体にある数一と一別異性にもとづいて発生すると考えざるを得ません。

それにたいして、数二以上の数と二別異性以上の別異性は、数えられて初めて発生するものです。数えられなければそれらは生ずることがありません。ですから、それらは、二つ以上の数一を捉える知識を待って生ずることになります。その知識こそ、「待つ対象としての知識」(apekṣābuddhi)で、それらの動力因なのです。

〔スートラ七・二・四〕数一と〔一〕別異性には数一と〔一〕別異性がないことは、小性と大性とによって解明されている。(ekatvapṛthaktvayor ekatvapṛthaktvābhāvo ’ṇutvamahattvābhyāṃ vyākhyātaḥ.)

数一と〔二〕別異性は、部分にある性質と同じものに内属することがないから、それらには数一と〔二〕別異性はない、という意味である。

〔解説〕

まことに分かりにくい一文ですが、もしも水がめの数一が、半片の数一と同じもの、つまり半片に内属するとしますと、「水がめが半片を有する」というのと同様に、「水がめの」数一が半片の数一を有する」といわれることになりますが、そのようなことはないということを、この一文はいわんとしているのではないかと思います。

〔スートラ七・二・五〕 運動〔は小性と大性を持たないということ〕によって、運動は〔数一と一別異性を持たず、〕性質〔は小性と大性を持たないということ〕によって、性質は〔数一と一別異性を持たない〕。（karmabhiḥ karmāṇi guṇair guṇāḥ.）

まったく同様に、〔数一と一別異性は〕部分にある性質と同じものに内属することがないから、運動と性質は数一と〔二〕別異性を持たない。

「有は無区別であるから、すべてのカテゴリーに数一があるのではないか」〔という問いに答えていわく〕」。

〔スートラ七・二・六〕運動と性質は数を持たないのであるから、すべて〔のカテゴリー〕に数一があるということはない。（niḥsaṅkhyatvāt karmaguṇānāṃ sarvaikatvaṃ na vidyate.）

運動と性質は数を持たないのであるから、すべて〔のカテゴリー〕に数一があることはまったくない。

「第二義的な用法によって性質などにも数一があるのではないか」〔という問いに答えていわく〕。

〔スートラ七・二・七〕〔性質などには〕数一はないのであるから、第二義的な〔数二〕は存在しない。（ekatvasyābhāvād bhāktaṃ na vidyate.）

第一義的な数一は性質などにはないのであるから、第二義的な用法での数一が考えられるというが、その考えは、あなたにとっての数一の確定を遍満しない。なぜなら、「実体には第一義的な〔数二〕があり、性質には第二義的な〔数二〕がある」と、まさにこのゆえに分裂の過失が付随するからである。

「実体においては数は区別なしにあるから、結果と原因との同一性（ekatva＝数一）が得られる。同一性がないならば、〔結果と原因には〕別異性があることになろう」というならば、そうではない。

〔スートラ七・二・八〕結果と原因は同一でも別異でもないから、〔結果と原因には〕数一と別異性は存在しない。（kāryakāraṇaikatvapṛthaktvābhāvād ekatvapṛthaktve na vidyate.）

結果と原因は二つ（＝数二）であるから、それらには同一性（＝数一）はない。結果には原因とはことなる拠り所がないから、〔結果と原因には〕別異性もない。

〔スートラ七・二・九〕これ（＝スートラ七・二・八）は、無常のものと常住のものについてのものであることが解明された。（etad anityanityayor vyākhyātam.）

これ、すなわち無常のものを対象とする前のスートラは、常住のものである虚空などについて矛盾なく解明されたと知られるべきである。すなわち、音声と虚空という結果と原因には、同一性（＝数一）もなく別異性もない。

〔スートラ七・二・一〇〕結合には、一方のものの運動より生ずるものと両方のものの運動より生ずるものと結合より生ずるものとがある。（anyatarakarmaja ubhayakarmajaḥ saṃyogajaś ca saṃyogaḥ.）

一方のものの運動より生ずる結合とは、鷹の、接近運動による杭との結合のことである。両方のものの運動より生ずる結合とは、二人の力士の接近により生ずる。結合より生ずる結合とは、原因と原因でないものとの結合により、結果と結果でないものとに存する結合のことである。例えば、〔二本の〕指〔それぞれ〕と虚空との結合より、二指体と虚空との結合が生ずる。

〔解説〕

二指体の原因は二本のそれぞれの指であり、その原因でないものは虚空です。二指体は二本の指の結果であり、虚空はその結果ではありません。

〔スートラ七・二・一一〕これによって、分離が解明された。（etena vibhāgo vyākhyātaḥ.）

一方のものの運動より生ずる分離とは、鷹の、〔杭からの〕離脱より生ずる分離である。両方のものの運動より生ずる分離とは、二頭の羊の、離れ去りより生ずる分離である。他方、分離より生ずる分離は、二本の指の互いの分離により二指体が消滅したとたんに、指と虚空との分離が生ずる。あるいは、〔身体の〕原因である手と〔身体の〕原因でない虚空との分離により、身体と虚空との分離が生ずる。

〔スートラ七・二・一二〕 結合と分離には結合と分離がないことは、小性と大性とによって解明された。（saṃyogavibhāgoḥ saṃyogavibhāgābhāvo 'ṇutvamahattvābhyāṃ vyākhyātaḥ.）

可分離の確定がないから、〔結合と分離には〕両者（＝結合と分離）は存在しない。

〔解説〕

「可分離の確定がない」とは、結合と分離は、拠り所である実体に内属しているのであり、結合と分離に内属することはないということです。

〔スートラ七・二・一三〕 運動〔は小性と大性をもたないこと〕によって、運動は〔結合と分離を持たず、〕性質〔は小性と大性を持たないこと〕によって、性質は〔結合と分離を持たない〕。（karmabhiḥ karmāṇi guṇair guṇāḥ.）

可分離の確定がないから、〔運動と性質は〕結合と分離を持たない、という意味である。

〔スートラ七・二・一四〕結果と原因には可分離の確定がないから、〔結果と原因には〕結合と分離が存在しない。（yutasiddhyabhāvāt kāryakāraṇayoḥ saṃyogavibhāgau na vidyete.）

結果と原因には相互の結合と分離は存在しない。例えば、水がめと半片とに結合と分離は存在しない。可分離の確定がないからである。可分離の確定とは、両者あるいはどちらか一方が異なる進行を有することである。そして、可分離の確定は、二つの常住のものの間にあるものである。また、二つの無常のものは、可分離の拠り所に内属する。例えば、水がめと布とが、また皮膚という感官と身体とがそうである。しかし、水がめと半片は、可分離の拠り所に内属しない。水がめはまさにそれら（＝半片）に内属しているからである。

「音声はものと結びついている」（＝「語は意味対象と結びついている」）というならば、そうではない。

〔スートラ七・二・一五〕〔音声は虚空の〕性質であるから〔ものと結びつかない〕。（guṇatvāt.）

音声は虚空の性質であるから、ものと結びつかない。

〔解説〕

śabdaということばは、「音声」とも「語」とも解され、arthaということばは「もの」とも「意味対象」とも解されます。一般に、「語は意味対象と結びついている」といわれますが、śabdaとarthaとは、ヴァイシェーシカ学派の考えでは結びつくことがないということです。以下、これについての議論が展開されます。

〔スートラ七・二・一六〕また、性質について〔音声によって〕語られる。（guṇe ca bhāṣyate.）

また、音声について「色」「味」などというものに〔音声が〕用いられる。また、運動についても同様である。そして、性質と運動は性質と結びつかない。

〔スートラ七・二・一七〕〔音声は〕運動を有しないから〔ものと結びつかない〕。（niṣkriyatvāt.）

音声がものと結合するならば、音声はものに到達するであろう。しかし、性質は運動を有しないから、進行という運動がない。

〔スートラ七・二・一八〕また、ないものについて「ない」と〔音声が〕用いられるから、〔音声はものと結びつかない〕。(asati nāstīti ca prayogāt.)

音声がものと結びつくならば、ないものに「ない」という〔音声が〕用いられることはないことになろう。なぜなら、ないものとの結びつきはないからである。

したがって、〔音声とものとの〕結びつきはないから、

〔スートラ七・二・一九〕音声とものとは結びついていない。(śabdārthāv asambaddhau.)

〔反対論者いわく。〕

〔スートラ七・二・二〇〕結合している杖から〔杖を持つ人という観念が生じ、〕また内属している角から〔角を持つものという観念が生ずる〕。(saṃyogino daṇḍāt samavāyino viṣāṇāc ca.)

結合している杖から杖を持つ人という観念が見られ、内属している角から角を持つものという観念が見られる。また、音声からものの観念がある。したがって、〔音声とものとの〕結びつきは

ある。

〔スートラ作者答えていわく。〕そうではない。

〔スートラ七・二・二一〕〔杖を持つ人と角を持つものとは〕見られるものであるから問題はない。しかし、この場合、音声とものとの結びつきは、先に述べた理屈によって、見られないものであるから、ものの観念は、〔音声とものとの〕結合の理由とはならない。(dṛṣṭātvād ahetuḥ pratyayaḥ.)

〔スートラ七・二・二二〕同様に、観念がないことが〔音声とものとが結びつかないことの理由である〕。(tathā pratyayābhāvaḥ.)

もしも音声がものと結びつくとしたならば、〔ものの命名に関する〕約束事が捉えられていないものも理解されることになろう。したがって、〔音声とものとは〕結びついていない。

〔スートラ七・二・二三〕「〔音声は〕結びついたもの(＝虚空)と〔ものと〕の結びつきにより〔ものと結びついている〕」というならば、〔そうではない。〕疑惑がある〔からである〕。(sambaddhasambandhād iti cet sandehaḥ.)

「虚空は音声と結びついている。そしてものは虚空と結びついている。このように、結びついているものとの結びつきから、〔音声は〕ものと結びついている」というならば、そうではない。すべてのものが虚空と結びついているのであるから、どのものに音声が用いられるのか、という疑惑があるから、何の理解もないことになろう。このゆえに、〔音声とものとは〕結びついていない。

したがって、

〔スートラ七・二・二四〕音声から〔生ずる〕ものの観念は、約束事によるのである。（sāmayikaḥ śabdād arthapratyayaḥ.）

したがって、音声からものの観念が生ずるのは、約束事によるのであって、結びつきによるのではない。

〔スートラ七・二・二五〕同一の方角や時間に属する近いものと遠いものにより、「かなたのもの」「こなたのもの」〔という観念が生ずる〕。（ekadikkālābhyāṃ sannikṛṣṭaviprakṛṣṭābhyām param aparam.）

同一の方角にある二つのものは、方角に関するかなた性とこなた性の原因である。同一の時間に属し、現在の時点と結びついた二つのものは、時間に関するかなた性とこなた性の原因である。また、その二つのものは、近いものと遠いものの知識を待った上で原因なのである。

〔解説〕

二つのものが原因だとありますが、これは質料因のことです。かなた性とこなた性は、近いものと遠いものの知識を待って生じます。この知識こそが「待つ対象としての知識」（apekṣābuddhi）であり、動力因です。

〔スートラ七・二・二六〕原因（＝質料因）がかなたであることから、また原因がこなたであることから、〔かなた性・こなた性が生ずる〕。（kāraṇaparatvāt kāraṇāparatvāc ca.）

かなたのもの・こなたのものと方角の地点との結合が、〔かなた性・こなた性の〕非質料因である。まったく同様に、かなたのもの・こなたのものと時間の地点との結合が、〔かなた性・こなた性の〕非質料因である。方角・時間の地点との結合から、近い物体と遠い物体とについて、「近い」・「遠い」との知識を動力因として、近い物体にこなた性が、遠い物体にかなた性が生ずる。

〔スートラ七・二・二七〕かなた性とこなた性にはかなた性とこなた性がないことは、小性と大性とによって解明された。（paratvāparatvayoḥ paratvāparatvābhāvo 'ṇutvamahattvābhyāṃ vyākhyātaḥ.）

かなたのもの・こなたのものと方角・時間の地点との結合が、かなた性・こなた性の原因（＝非質料因）である。また、かなた性とこなた性には可分離の確立がないために結合がないから、両者にはかなた性とこなた性がない。

〔スートラ七・二・二八〕運動〔が小性と大性を持たないこと〕によって、運動は〔かなた性とこなた性を持たず〕、性質〔が小性と大性を持たないこと〕によって、性質は〔かなた性とこなた性を持たない〕。（karmabhiḥ karmāṇi guṇair guṇāḥ.）

運動と性質が小性と大性を持たないように、運動と性質は、可分離の確立がないために方角・時間の地点との結合がないから、かなた性とこなた性がない。

〔スートラ七・二・二九〕結果と原因について、「ここにある」と〔という観念〕が生ずる由縁のもの、それが内属である。（iheti yataḥ kāryakāraṇayoḥ sa samavāyaḥ.）

性質などは実体に内属している。「ここの糸に布がある」とか「ここの水がめに色などがある」とか「ここの水がめに運動がある」とかというように、結果と原因について、「ここにある」という観念が生ずる由縁のもの、それが内属である。「結果と原因」という語は近似的な指標であるから、「普遍は個物に内属し、特殊は常住の実体に内属する」といわれたことになる。

〔解説〕

普遍は個物の結果ではなく、個物を限定するもの（viśeṣaṇa）であり、常住の実体は特殊の原因ではなく、特殊によって限定されるもの（viśeṣya）です。ですから、正確には、限定するものと限定されるものが拠るもの（ādheya）と拠られるもの（ādhāra）の関係にあるとき、両者のあいだには内属の関係があるというべきだったということになります。

〔スートラ七・二・三〇〕〔内属が〕実体でも性質でも運動でもないことは、有性によって解明された。（dravyatvaguṇatvakarmatvapratiṣedho bhāvena vyākhyātaḥ.）

有性は、一つの実体を〔拠り所として〕有するから実体ではなく、性質と運動にはないから性質でも運動でもない。内属もそれと同様である。

〔スートラ七・二・三二〕また、〔内属は〕一つである。（tattvaṃ ca.）

有るものの標印に区別がないから有性が一つであるのと同様に、「ここにある」という標印に区別がないから内属は一つであり、何かに存するものではなく、常住であり、部分を持たない。

第八章

今度は知識が説明される。

〔スートラ八・一〕 実体についての知識は解明された。(draveyṣu jñānaṃ vyākhyātam.)

六つのカテゴリーの内、実体についての知識のみが、接触より生ずるというように解明された。しかし、性質などについての知識はまだ解明されていない。

知識の〔原因は〕

〔スートラ八・二〕 意と自己である。(mana ātmā ca.)

意と自己が知識の原因であることが解明された。

今度は性質などについての知識を述べる。

〔スートラ八・三〕 知識を論ずる個所で、知識の発生が述べられた。(jñānanirdeśe jñānaniṣpattir uktā.)

感官との接触による知識の発生が述べられたが、性質などには感官との接触はない。それゆえ、今度は〔性質などにについての〕知識が述べられる。性質などは〔感官と〕接触せずに知られる。というのも、

〔解説〕

「接触」（sannikarṣa）というのは、結合のことです。ですから、接触は、実体である感官と対象である実体との間でのみ成立します。実体ではない性質は感官と接触することはありません。

〔スートラ八・四〕〔感官と〕接触していない性質と運動についての知識の発生については、実体が原因および原因の原因である。（guṇakarmasv asannikṛṣṭeṣu jñānaniṣpatter dravyaṃ kāraṇaṃ kāraṇakāraṇaṃ ca.）

性質と運動の質料因は実体であるから、直に感官と接触していない性質と運動についての知識の発生の原因である接触については、原因はまさにその実体であり、性質と運動ではない。したがって、性質と運動については、〔感官と〕結合した（＝接触した）〔実体〕への内属により知識が生ずる。「および」（ca）という語は理由を指している。

〔スートラ八・五〕普遍と特殊には普遍と特殊がないから、それ（＝感官と実体との接触）からのみ知識が生ずる。（sāmānyaviśeṣeṣu sāmānyaviśeṣābhāvāt tata eva jñānam.）

有性などの普遍と最終的な特殊については、それらを見る人々の実体との接触からのみ知識が生ずるのであって、普遍と特殊から生ずるのではない。なぜなら、普遍と特殊には普遍と特殊がないからである。

〔解説〕

普遍と特殊は実体・性質・運動を限定するもの（viśeṣaṇa）であり、実体・性質・運動は限定されるもの（viśeṣya）です。限定されるものの知識は限定するものの知識に先行されます。ところが、普遍と特殊には、それを限定するものとしての普遍と特殊がありませんから、限定するものの知識に先行されることはありません。ですから、普遍と特殊については、感官と実体との接触だけが原因であることになるのです。

〔スートラ八・六〕実体・性質・運動について〔の知識は〕普遍と特殊を待つ。（sāmānyaviśeṣāpekṣaṃ dravyaguṇakarmasu.）

実体・性質・運動については、実体と感官の接触から、また有性などの普遍から、また実体性などの普遍かつ特殊から、「有る」「実体である」などという知識が生ずる。このスートラにあっては、「普遍」というのは有性であり、「特殊」というのは実体性などである。先のスートラではこれと異なる。

それについても、

〔スートラ八・七〕 実体について〔の知識は〕実体・性質・運動を待つ。(dravye dravyaguṇakarmāpekṣam.)

眼との接触から、実体について、「角を有するもの」といった実体を待つ知識が、また「白いもの」といった性質を待つ知識が、また「歩く」といった運動を待つ知識が生ずる。また、実体などは限定するものであるから、先んじて知覚される。したがって、限定するものの知識は原因であり、限定されるものの知識は結果である。

〔解説〕

「牛」を限定するものとして、ここでは、「角」という実体、「白色」という性質、「歩行」という運動が例示されています。限定されるものの知識は、（A）限定するもの、（B）限定するものと限定されるものとの関係、（C）限定するものの知識、以上の三者が揃ったときに生ずるとされます。

〔スートラ八・八〕性質と運動については、〔それらに〕性質と運動はないから、性質と運動を待つ〔知識は〕存在しない。（guṇakarmasu guṇakarmābhāvād guṇakarmāpekṣaṃ na vidyate.）

性質には性質と運動がなく、運動には性質と運動がないから、性質と運動については、性質と運動を原因とする知識は成立しない。

〔解説〕

性質と運動には、それらを限定するものとしての性質と運動はないですから、性質と運動についての知識が性質と運動を待つということはありません。

実体などについての知識が先んじて生ずるという決まりはない。例えば、

〔スートラ八・九〕内属する白色から、白色の知識から、白いものについての知識が生ずる。二つ〔の知識〕は因果関係にある。（samavāyinaḥ śvaityāc chvaityabuddheḥ śvete buddhis te kāryakāraṇabhūte.)

白色という性質に内属している白色性という普遍から、また、白色性という普遍の知識から、白色という性質の知識が生ずる。普遍と性質との関係（＝内属）もまた確認されるべきである。このゆえに、限定するものの知識は原因であり、限定されるものの知識は結果である。

〔解説〕

わたくしは、チャンドラーナンダの解釈を良しとしません。わたくしは、「白いものという実体に内属している白色という性質から、また、白色という性質の知識から、白いものという実体の知識が生ずる。性質と実体との関係（＝内属）もまた確認されるべきである」と解釈します。

このスートラの例でいえば、（A）限定するもの＝白色という性質、（B）限定するものと限定されるものの関係＝内属、（C）限定するものの知識＝白色という性質の知識、以上の三者が揃ったところで、限定されるものの知識＝白いものという実体の知識が生ずるという図式になります。

他方、限定するものと限定されるものとの関係にはない場合、

〔スートラ八・一〇〕実体についての〔諸知識は、〕互いに原因ではない原因の非同時性があれば〔因

果関係にはない〕。(dravyeṣv anitaretarakāraṇāt kāraṇāyaugapadyāt.)

意は小さいものであるために〔諸知識が生ずるのが〕同時であることはないから、たとえ〔先後〕順序があっても、水がめの知識と布の知識は因果関係にはない。なぜなら、〔その二つの知識は〕限定するものと限定されるものとの関係に適合していないからである。

〔スートラ八・一一〕同様に、実体・性質・運動について〔の知識も、〕原因の区別がなければ〔因果関係にはない〕。(tathā dravyaguṇakarmasu kāraṇāviśeṣāt.)

また、「白い牛が歩く」という場合、実体の知識と性質の知識と運動の知識には〔先後の〕順序があっても、知られつつあるものは因果関係にはない。なぜなら、それらの間には、限定するものと限定されるものとの関係がないからである。この、先にいわれた原因に区別がないからである。このゆえに、〔牛という〕実体の知識は、〔白色という〕性質の知識・〔歩行という〕運動の知識の原因ではない。性質と運動の知識もまた、先行する〔実体の知識の〕原因ではない。

他方、限定するものの理法がない場合、

〔スートラ八・一二〕「これ、あれ」「汝によって為された」「この者に食べさせよ」というのは、知識を待つものである。（ayam eṣa kṛtaṃ tvayā bhojayainam iti buddhyapekṣam.）

「これ」というのは近いものについての観念であり、「あれ」というのは遠いものについての観念である。「汝によって為された」というのは運動主体と運動との観念である。「この者に食べさせよ」というのは運動と運動主体の観念である。近いものを待って遠いものについての観念があり、「為された」という運動を待って運動主体についての観念があり、「食べさせよ」という運動主体を待って運動についての観念がある。

どうして待つのかというならば、

〔スートラ八・一三〕見られたものについて〔観念が〕あり、見られなかったものについて〔観念が〕ないからである。（dṛṣṭeṣu bhāvād adṛṣṭeṣv abhāvāt.）

近いものなどが見られているときに遠いものなどについての観念が生ずるのであって、見られていないときには観念は生じない。このゆえに、待つものではあっても因果関係にはない。なぜなら、〔二つの観念は〕限定するものと限定されるものとの関係に適合しないからである。

知識は「もの」（＝対象）と感官とを待つけれども、まずは「もの」について語られる。

〔スートラ八・一四〕〔狭義の〕「もの」とは、実体・性質・運動を指す。（artha iti dravyaguṇakarmasu.）

もの性という普遍はないけれども、社会通念により「もの」という語は実体などの三つのみを指すものとして術語的に用いられる。どのような場合にか。例えば、別の普遍なしに普遍と特殊について、〔あるいは〕例えば有性などの普遍について、「普遍である、普遍である」という知識が生じ、同様に、別の特殊がなくとも「特殊である、特殊である」との知識がそれを見る人々に生ずる。それと同様に、もの性〔という普遍〕がなくとも、実体などを指すものとして、術語的に用いられる「もの」という語がある。

〔解説〕

「もの」（artha）には、それを限定するものとしての普遍（＝もの性）がありません。しかし、「もの」は実体・性質・運動のみを指すとされます。これには格別の理由はありませんから、術語的（pāribhāṣika, 便宜的）といわれるのです。それはあたかも、普遍と特殊には「別の」普遍と特殊はないけれども、やれ「普遍である」やれ「特殊である」といわれるのと相同なのだ、というのが註釈の趣旨です。

〔これから〕感官について語られる。感官は五つの元素より成るものではない。なぜならば、

〔スートラ八・一五〕諸実体〔が造られるべきときに、〕五つの元素より成るものは否定された。（dravyeṣu pañcātmakaṃ pratyuktam.）

諸実体が造られるべきときに、それらを造るものとしての五つの元素は存在せず、そうではなくて、ものを造る四元素が、それぞれの種類を造るのである。であるから、諸感官もまた、それぞれ決まった元素の結果である。すなわち、

〔解説〕

身体を始めとする結果としての実体が五つの元素より成ると主張するのはヴェーダーンタ学派です。

〔スートラ八・一六〕〔身体の中でも鼻において〕優勢であるから、また香を有するから、地が香の知識を持つものの〔原因である〕。（bhūyastvād gandhavattvāc ca pṛthivī gandhajñāne.）

「香の知識」とは鼻（＝嗅覚器官）のことである。鼻が造られるべきときに、優勢であるから地がその原因である。優勢であるとは、身体との比較においてである。そして、地は鼻において優勢である。足などによっては香の知覚がないからである。

「また香を有するから」ということについて。また、鼻という感官は、みずからに内属する香によって香を顕現させるから、香を有する地こそが鼻の原因である。これにたいして、他の元素は〔地と〕結合しているものであり、まったく僅少である。

〔スートラ八・一七〕同様に、味・色・触の違いにより、水・火・風が、〔それぞれ、〕味の知識を持つもの（＝舌）・色の知識を持つもの（＝眼）・触の知識を持つもの（＝皮膚）の〔原因である〕。

(tathāpas tejo vāyuś ca rasarūpasparśajñāneṣu rasarūpasparśaviśeṣād iti.)

みずからに内属する甘い・燃焼より生ずるのではない味によって、〔みずからに内属する〕白い光輝という色によって、〔みずからに内属する〕燃焼より生ずるのではない非熱非冷という触によって、舌・眼・皮膚は〔それぞれ〕味・色・触を顕現させるから、味を有するから、色を有するから、触を有するから、また他の元素という契機によって圧倒されていないために優勢であるから、三つの感官にたいして、それぞれ水・火・風が質料因であると見られるべきである。他方、虚空は、まさにそれ自体として、耳孔によって限定されたときに耳である。虚空は原質ではない。何も造らないからである。以上で知覚が解明された。

第九章

今度は、推論を解明しようとして、その対象を示す。

〔スートラ九・一〕運動と性質と〔その他の〕指標（＝標印）がないから、〔結果は発生以前には〕非有である。（kriyāguṇavyapadeśābhāvād asat.）

まず、結果は、発生以前には知覚によって捉えられない。また、推論によっても捉えられない。標印があるときに推論は成立するからである。そして、〔この場合〕標印がない。なぜなら、標印に関わる運動と性質とが知覚されないからである。また、他の、「指標」という語によって示される標印もない。したがって、発生以前には〔結果は〕非有である。

〔解説〕

この非有は、後に「以前無」（prāgabhāva）と呼ばれるものです。

後には、

〔スートラ九・二〕有が〔破壊されて〕非有となる。（sad asat.）

そして、有となった結果は、破壊されると、その後にはまったくの非有となる。有が消滅したのではない。運動と性質と〔その他の〕指標がないからである。

〔解説〕

この非有は、後に破壊無（dhvaṃsa）と呼ばれるものです。

他方、中間にあっては、

〔スートラ九・三〕有は、運動と性質と〔その他の〕指標があるから、非有とは別のものである。（asataḥ sat kriyāguṇavyapadeśābhāvād arthāntaram.）

破壊よりも前、発生より後の、非有とは別のものが「有」といわれる。運動と性質と〔その他の〕指標があるからである。

〔スートラ九・四〕また、有であり非有である。（sac cāsat.）

有たるものであっても、ものは他の存在形態の否定によって「牛は馬ではない」というようにいわれる。為すべきことを為さないことにより、「ものを運搬しないものは牛ではない、非有である」と第二義的に語られる。

〔解説〕

この非有は、後に交互無（anyonyābhāva）と呼ばれるものです。

〔スートラ九・五〕また、有とは別のもの、それも非有である。（yac cānyat satas tad apy asat.）

また、有であるものとは別の、以前無・交互無・破壊無の対象ではない、絶対無という形の兎の角など、それもまた非有である。

「非有に区別はないのに、以前無にある格関係の機能がどうして他の〔無〕にはないのか」というならば、そうではない。違いが捉えられているからである。

〔解説〕

この非有は、後に絶対無（atyantābhāva）と呼ばれるものです。

その点について、

〔スートラ九・六〕 かつて有ったものの知覚がないことから、またかつて有ったものの想起から、また〔かつて有ったものに〕反するものが知覚されることから、「非有である」との知識が生ずる。(asad iti bhūtapratyakṣābhāvād bhūtasmṛter virodhipratyakṣatvāc ca jñānam.)

破壊無について「非有である」との知識は、かつて有ったものが今や見られないことから、またかつて有ったものの想起から、また半片など、〔かつて有ったものに〕反するものが捉えられることから、〔かつて有ったものの〕消滅を想定して生ずる。さもなければ、かつて有ったものがどのようにして見られないことがあろうか。〔現状が〕そうであることに区別はないからである。

〔スートラ九・七〕同様に、無については、有が知覚されることからも〔「非有である」との知識が生ずる〕。 (tathābhāve bhāvapratyakṣatvāc ca.)

土塊の状態という〔水がめの〕以前無にあっては、水がめを対象とする知覚はなかったが、今やそれに反する、水がめを対象とする知識が生じた。また、〔水がめの〕無の状態が想起される。それゆえ、「今や〔水がめの〕このような有が生じた。以前にはこれはまったくの無であった」といって、以前無について「非有である」との決定知が生ずるのである。

〔スートラ九・八〕これによって、水がめならざるもの・牛ならざるもの・功徳ならざるものが解明された。(etenāghto 'gaur adharmaś ca vyākhyātaḥ.)

すなわち、皿について「水がめである」との知識が生じた人に、別の理由から「これは水がめではない。これは皿である」という正しい観念が生ずるとき、それもまた、水がめの観念がないことから、また水がめの想起から、またそれに反する皿などを見ることから知られる。同様に、馬は「牛ならざるもの」である。同様に同じように見られることから、夜の沐浴が功徳であると想定されたとき、それについて「功徳ならざるものである」との〔観念が〕生ずる。以上、知的なもの・非知的なもの・感官を超越したものの違いによって三つの実例が引かれたのである。

〔スートラ九・九〕「無かった」「無い」というのは、〔絶対無にあっては〕別物ではない。(abhūtaṃ nāstīty anarthāntaram.)

以前無・破壊無・交互無とは違い、絶対無という形を持つ兎の角などは、「無かった」「無い」という二つの同義語によって区別されることなく語られる。絶対無が、同義語によって別のものを指すと語られることはない。このゆえに、同義語によってこそ知られるということが絶対無の特質である。絶対無の場合には、〔その拠り所である〕場所や時間などが否定されることはない。

他方、別には、

〔スートラ九・一〇〕「家に水がめがない」というのは、有る水がめと家との結合の否定である。
(nāsti ghaṭo geha iti sato ghaṭasya gehasaṃyogapratiṣedhaḥ.)

水がめがこの場所、あるいはこの時間にないというのは、水がめなどの場所が否定されているのであって、〔水がめ〕それ自体が否定されているのではない。

〔解説〕

この無は、後の『勝宗十句義論』でいわれる関係無(saṃsargābhāva)に当たります。ところが、さらに後には、このような無は絶対無として扱われるようになり、議論が大変に難しいものとなりました。結論的には、『ヴァイシェーシカ・スートラ』と『勝宗十句義論』は、無に、以前無・破壊無・交互無・関係無・絶対無の五種類を数える点において同じであるといえます。

〔スートラ九・一一〕「他の月は無い」というのは、〔月性と称される〕普遍からの月の否定である。
(nāsty anyaś candramā iti sāmānyāc candramasaḥ pratiṣedhaḥ.)

「第二の月は無い」と数を否定することによって、月性と称される普遍から月が排除されるとして、月性という普遍は無いといわれたことになる。場所・時間・状態・力・付帯的属性がないときにおける、月性という普遍の否定が、かの絶対無との違いであるといわれる。

凝乳は砂から生ずることなく生乳から生ずることが知覚によって捉えられないことから、結果は原因の中に有りかつ無い〔のではないかというならば、答えていわく〕。

〔スートラ九・一二〕有と非有とは特質を異にするから、結果が〔原因の中に〕有りかつ無しということはない。（sadasator vaidharmyāt kārye sadasattā na.）

有性と非有性とは同時には相容れないから、原因の中に結果が有りかつ無いということはない。したがって、〔結果は原因の中に〕絶対に無い。

〔解説〕

ヨーガ行者の知覚は、知覚されるものと間接的に知られるものとを対象とするから、知覚と推論の中間において、それが解明される。

ヴァイシェーシカ学派は因果論としては、結果が原因の中にあらかじめ潜在的に存在することはないとする因中無果論の立場を採りますので、右のような説明になります。

〔スートラ九・一三〕〔ヨーガ行者の場合、〕**自己における自己と意との特殊な結合から、自己の知覚が生ずる。**（ātmany ātmamanasoḥ saṃyogaviśeṣād ātmapratyakṣam.）

対象から感官を引き離し、そして感官から意を引き離して自己にのみ精神集中するとき、ヨーガより生ずる功徳を動力因とする特殊な内官（＝意）と自己との結合により、そこに住する人々（＝ヨーガ行者）に、みずからの自己の知覚という知識が生ずる。

〔解説〕

自己を世界外存在とするヤージュニャヴァルキヤやシャンカラは、自己は認識主体であるがゆえに認識できないとします。ところが、ヴァイシェーシカ学派は、自己は世界内存在だという扱いになりますから、認識の対象となるという、やや苦しい話になります。そこで、ヴァイシェーシカ学派は、自己は普通の人ではなく、熟達したヨーガ行者によってのみ知覚されるという、右のような議論をするのです。

〔スートラ九・一四〕〔自己とは〕別の実体についても同様である。（tathā dravyāntareṣu.）

自己との結合が否定されていて自己と結合していない遍満する実体について、また、自己との結合が否定されておらず〔自己と遍満する実体との〕両者と結合している原子などについて、〔ヨーガ行者には〕知識（＝知覚）が生ずる。

〔解説〕

自己以外の遍満する実体とは、虚空・空間・時間のことです。

また、

〔スートラ九・一五〕また、自己と感官と意と対象の接触により、〔普通の人には不可能な知覚がヨーガ行者には生ずる〕。（ātmendriyamanorthasannikarṣāc ca.）

微細な対象・何かに隔てられた対象・遠くにある対象について、ヨーガ行者の場合、四者の接触によってもまた知覚が生ずる。同様に、我々の知覚についても、〔ヨーガ行者には知覚が生ずる〕。

〔解説〕

ヨーガ行者は他人である我々の知覚をも知覚するというのは、いわゆる超能力の一つである「他心通」のことをいっているのだと思います。

〔スートラ九・一六〕それら〔普通の人には知覚できない実体〕への内属から、〔それらにある〕運動と性質についても〔ヨーガ行者には知覚が生ずる〕。（tatsamavāyāt karmaguṇeṣu.）

〔ヨーガ行者の場合、〕内官（＝意）との結合から、〔自己とは〕別の実体について知識（＝知覚）が生ずるが、それと同様にして、〔ヨーガ行者の場合、〕そうした実体に内属している運動と性質についても知識（＝知覚）が生ずる。また、〔ヨーガ行者の場合、〕四者の接触により、微細な対象などと我々の知覚について知識（＝知覚）が生ずるが、それとまったく同様にして、それらに内属している性質と運動について、結合したものへの内属により、〔ヨーガ行者の場合、〕知識（＝知覚）が生ずる。

〔スートラ九・一七〕自己への内属により、〔ヨーガ行者には〕自己の性質について〔の知覚が生ずる〕。
（ātmasamavāyād ātmaguṇeṣu.）

〔ヨーガ行者の場合、〕自己との結合により、みずからの自己についての知識（＝知覚）が生ずるが、それとまったく同様に、〔ヨーガ行者の場合、〕みずからの自己に内属している楽などについての知識（＝知覚）が生ずる。

ヨーガ行者の知覚を解明した後に、〔今度は〕推論を説く。

〔スートラ九・一八〕「これはこれの結果である」「これはこれの原因である」「これはこれと結びついている」「これはこれと同じものに内属している」「これはこれと相容れない」というのが推論である。（asyedaṃ kāryaṃ kāraṇaṃ sambandhy ekārthasamavāyi virodhi ceti laiṅgikam.）

「これはこれの」という関係一般を示した後、「結果である」「原因である」などによって〔その関係を〕特化するのである。「結果である」「原因である」と説かれることによって、内属関係にあるもの一般の暫定的指標から、普遍なども言及される。「結びついている」という語によって、〔山と結合している〕煙などという結合しているものが言及されている。「結合するもの」などを説くスートラにおいて、他のものはすでに解明されている。《このような類の、関係をよく知っている人の場合、疑われない一部を見ることによって、それ以外のものについての追決知が生ずるが、それが、標印を見ることによって生じて行く場合、〔まさに〕推論なのである》と『ヴリッティ』の作者は語る。

〔スートラ九・一九〕これによって、ことばによる知識が解明された。（etena śābdaṃ vyākhyātam.）

結果などの想起を待つ推論は、〔過去・未来・現在の〕三時を対象とし、感官を超越したものを対象とするが、それとまったく同様に、ことばによる知識は、〔語と意味対象に関する〕約束事の想起を待ち、三時を対象とし、感官を超越したものを対象とする。このゆえに、推論によって一つにまとめられるから、〔ことばによる知識は推論とは別の知識手段ではなく〕まさに推論に他ならない、といわれたことになる。

〔解説〕

姉妹学派であるニヤーヤ学派は、独立の知識手段としてことばによる知識を扱いますが、ヴァイシェーシカ学派が認める知識手段は、知覚と推論だけです。

どのようなことばが〔どのような〕意味に用いられるのかというならば、それは以下のように述べられる。

〔スートラ九・二〇〕ヘートゥ、アパデーシャ、リンガ、ニミッタ、プラマーナ、カーラナというのは、別のものではない。(hetur apadeśo liṅgaṃ nimittaṃ pramāṇaṃ kāraṇam ity anarthāntaram.)

人は、ヘートゥなどという語によって、趣旨としてカーラナ(=理由・原因)を語る。ヘートゥ、アパデーシャというのはカーラナという意味である。

このように、理由・原因としてのことばが正しい意味の理解の標印であるのはなぜかというならば、〔答えていわく〕。

〔スートラ九・二一〕こ〔のことば〕はこの〔意味に用いられる〕という知識を待つことから、〔ことばによる知識が生ずる〕。(asyedam iti buddhyapekṣatvāt.)

「意味を理解するにあたって、この手の動きが理由・原因であると理解されるべきである」という約束事を理解した人は、その手の動きを見て、理由・原因であることばから意味を理解する。それと同様に、「この意味の理解については、このことばが理由・原因である」という約束事をよく知った人は、その理由・原因であることばから意味を理解する。世間の人々は、役者のしぐさからだけでも意味を理解する。それと同様に、ことばは、約束事の力によって意味を顕現させるから、理由・原因である、と『ヴリッティ』の作者は語る。

同様にして、類推なども〔推論に〕含められる。

かくして、〔ことばも類推も推論に含められるから、〕知識手段は〔知覚と推論の〕二つのみである。

知識手段であるとはどういうことであるかといえば、正しく知る手段が知識手段である、あるいは正しい知識が知識手段である。

〔解説〕

pramāṇa という語には、「知識手段」（pramīyate 'nena）という意味と「正しい知識」（pramā）という意味とが含まれています。『ヴァイシェーシカ・スートラ』や、西暦紀元後五世紀初めの『勝宗十句義論』では、両方の意味が未分化に用いられていますが、西暦紀元後六世紀初めの『パダールタダルマ・サングラハ』では、**pramāṇa** というのは、知識手段を限定的に意味するというようになりました。

推論の一部を成す想起について次のように語られる。

〔スートラ九・二二〕自己と意との特殊な結合から、また潜在的印象から想起がある。（ātmamanasoḥ saṃyogaviśeṣāt saṃskārāc ca smṛtiḥ.）

火を求める人に生じた煙の観察、それを動力因とする自己と内官（＝意）との特殊な結合から、また修習と称される潜在的印象から、「煙のあるところには火がある」との想起が生ずる。

〔スートラ九・二三〕夢と夢の中の知識も同様である。（tathā svapnaḥ svapnāntikaṃ ca.）

感官が停止し、意が隠没した人に、内官のみにより生ずる知識が夢である。夢の中でも夢の知識があるが、それが夢の中の知識である。その両者ともに、以前の観念を動力因とする自己と意との特殊な、そして修習を伴う結合から生ずる。

〔スートラ九・二四〕また、功徳から〔夢が生ずる〕。（dharmāc ca.）

かつて経験したことのないものごとを対象とし、善悪を示唆する夢の知識も、功徳より生ずる。「また」（ca）という語があるから、罪障からも〔夢が生ずる〕。

他方、覚醒している人の場合、

〔スートラ九・二五〕感官の欠陥から、また潜在的印象から無知が生ずる。（indriyadoṣāt

saṃskārāc cāvidyā.）

風質などの欠陥により感官が損傷した人に、以前に銀を見た体験から生じた潜在的印象から、また、罪障を動力因とする自己と意との特殊な結合から、そうでないものをそうであるとする知識、例えば真珠母貝を銀であるとする知識が生ずる。〔また、〕南方出身者が駱駝を見たときのような非確定知が生ずる。

〔スートラ九・二六〕それは誤った知識である。（tad duṣṭaṃ jñānam.）

疑惑・顛倒・非確定知・夢を特質とする知識は誤った知識である。

〔スートラ九・二七〕誤っていない〔知識〕は明知である。（aduṣṭaṃ vidyā.）

知覚・推論と称される誤っていない知識は明知といわれる。

〔スートラ九・二八〕聖仙の知識と成就者の知識は功徳より生ずる。（ārṣaṃ siddhadarśanaṃ ca dharmebhyaḥ.）

過去・未来・現在の、感官を超越した、書物によっては確かめられない功徳などについて、神的聖仙たちに生ずる標印を待たない鮮明な知識、〔また、〕世間の人々の場合に、時として単なる推測によって導かれる、「明日、私の兄が来るだろうと心が私に語る」という、確認という結果を待たない知識、それが聖仙の知識であるといわれる。

他方、顔料・不死の霊薬などによって成就した人々に、微細な・何かに隔てられた・遠くのものを対象とする知識、あるいは天や中空などに見られる兆候による、生類の功徳と罪障の異熟についての完全な知識が生ずるが、それが成就者の知識である。

また、成就者の知識は知覚と推論とは区別されないが、聖仙の知識は区別されるといわれる。こうした聖仙の知識と成就者の知識は、特殊な功徳および自己と意との結合より生ずる。

第一〇章

知識にただちに引きつづいて、未だに解明されていない、楽と苦の知識の拠り所である楽と苦を語る。すなわち、「生類は楽と苦と迷妄より成る」と人々はいうが、それは適当ではない。

〔スートラ一〇・一〕自己に内属していることが、楽と苦が五つ〔の実体〕およびそれ（＝五つの実体）を拠り所とする諸性質とは別のものであることの理由である。（ātmasamavāyaḥ sukhaduḥkhayoḥ pañcabhyo 'rthāntaratve hetus tadāśrayibhyaś ca guṇebhyaḥ.）

他ならぬ自己に内属していることが、楽と苦が地などの五つ〔の実体〕およびそれ（＝五つの実体）を拠り所とする香・味・色・触という諸性質とは別のものであることの理由である。〔楽と苦よりも〕他の性質が〔自己よりも〕他のところに内属しているからである。また、〔楽と苦が〕自己に内属しているということは、両者が〈私〉意識と同一構文上にあるということによる。

〔楽と苦は〕自己に内属しているけれども、

〔スートラ一〇・二〕望ましい原因と望ましくない原因との違いから、また互いに相容れないから、楽と苦は別のものである。（iṣṭāniṣṭakāraṇaviśeṣād virodhāc ca mithaḥ sukhaduḥkhayor arthāntarabhāvaḥ.）

楽は女性などの原因より生ずる。苦は毒などの原因より生ずる。また、楽と苦は互いに相容れない。なぜなら、〔楽と苦は、互いが〕互いの消滅によって生ずるからである。このゆえに、この両者には区別があり、一つものではない。なぜなら、両者は同じものに内属しているからである。

「疑惑と決定は、単なる互いの無であり、ものに有ることはない」というならば、そうではない。

〔スートラ一〇・三〕また、疑惑と決定知とが別のものより生ずることは、別の知識であることの理由である。（saṃśayanirṇayayor arthāntarabhāvaś ca jñānāntaratve hetuḥ.）

疑惑と決定知は、互いに特質を異にする別のものという原因から生ずる。すなわち、固有の特徴を知ろうとしていて未だ固有の特徴を捉えていない人に、共通性を見ることから疑惑が生ずる。疑惑の後に、別の知識によって固有の特徴を捉えることにより、「これは杭にほかならない」という決定知が生ずる。また、もしも疑惑と決定知の両者がものに有ることはないとするならば、両者は特質を異にする二つの原因から生じ得ないものとなろう。このゆえに、疑惑と決定知は、互いに別の知識である。他方、「決定知は、知覚と推論から区別されない」とある人々は主張する。

〔スートラ一〇・四〕〔疑惑と決定知の〕二つのものの発生は、知覚と推論という知識によって解明

された。(tayor niṣpattiḥ pratyakṣalaiṅgikābhyāṃ jñānābhyāṃ vyākhyātā.)

記憶を有する自己に、知覚される標印を見た後に知覚されないものについての知識が生ずるのとまったく同様に、共通性を見ることから記憶を有し、固有の特徴を知ろうとする人に、固有の特徴が捉えられていないとき、「〔あれは〕杭であろうか人であろうか」という疑惑が生ずる。また、もの(bhūta)ともの(artha)との結びつきの力により、「このものはこのようなものである」との知覚が生ずるが、それとまったく同様に、固有の特徴との結びつきの力により、疑惑が消滅したとき、「これがこのようなものである」との決定知が生ずる。

今度は、結果と原因についての知識を説明する。

〔スートラ一〇・五〕「〔結果が〕生じた」という知覚は解明された。(bhūtam iti pratyakṣam vyākhyātam.)

みずからの原因により結果が生じたとき、「この結果は生じた」という、結果についての知識が生ずる。「限定するものより限定されるものの知識が生ずる」という法則によって、そのことがすでに解明されている。また、それ(=「この結果は生じた」という場合の「結果」という語)は第一義的なものである。

他方、別の場合には、〔結果についての知識は〕結果の状態により第二義的である。すなわち、結果がこれから生じようとしつつあるとき、

〔スートラ一〇・六〕「〔結果が〕生ずるであろう」という場合、かつて見られたということから〔第一義的でなく第二義的な〕別の結果が〔知られる〕。(bhaviṣyatīti kāryāntare dṛṣṭatvāt.)

ある一揃いの原因が揃った直後に布などの結果が生じたのが見られた、まさにそのような一揃いの原因を見ることから、今度は、まだ結果が生じていなくとも、「結果」という語を第二義的に用い、「結果が生ずるであろう」という、結果についての知識が生ずる。

〔結果が〕まさに生じつつあるときにも、

〔スートラ一〇・七〕同様に、「〔結果が今〕生ずる」という場合、待つものと待たないものとから〔結果が知られる〕。(tathā bhavatīti sāpekṣebhyo 'napekṣebhyaś ca.)

より以前の結合を待つ延ばされた糸を知覚しつつある人が、後になってより後の糸の結合があるとき、〔結合を〕待たない〔糸を〕知覚するとき、絹の布などという中間の結果を見ているこの人に、結果としての実体がまさに生じつつあるとき、すでに生じた結合と未だ生じていない結合とを見ることから、「結果が〔今〕生ずる」という知識が生ずる。

また、生ずることについてと同様に、消滅することについても、内的努力の直後に生ずる水がめなどの実体が消滅するとき、「無かった」という観念が、《かつて有ったものの知覚がないことから》（スートラ九・六）などの文言によってすでに語られたから、今度は変化する身体などについて語られる。その内、〔身体などが〕消滅したとき、

〔スートラ一〇・八〕消滅したもの（＝身体の部分の結合）により「〔結果である身体が〕有った」〔という知識が生ずる〕。（abhūd ity abhūtāt.）

「無かったものから」とは「消滅したものから」という意味である。手・足・首などという部分が分離していると認識した後、消滅した非質料因である結合により結果が消滅したとき、「身体と称される結果が有った」という知識が生ずる。

また、消滅しつつあるものについては、

〔スートラ一〇・九〕また、〔身体の部分の結合が〕あるとき〔かつないとき〕結果〔である身体〕が〔身体の部分に〕内属しないことから、〔「結果である身体が消滅する」という知識が生ずる〕。(sati ca kāryāsamavāyāt.)

結合があるとき、「また」という語により「無いとき」も語られているから、結合がないとき、ということになる。殺害者などという〔身体の〕消滅の原因が作用しても、首などの何らかの部分の結合が消滅したとき、また、分離により手などが消滅したとき、〔首や手などの〕結果である身体が内属しないことから、〔身体の〕消滅の原因〔である殺害者〕が殺されていないために動揺しているので、消滅したものと消滅していないものの結合を見ることによって、「結果が消滅する」という知識が生ずる。

ある人々は「結果が有った」と解釈するが、それは正しくない。なぜなら、そういう意図であるならば、結果は消滅していることになるからである。

また、こうした知識は、

〔スートラ一〇・一〇〕一つのもの（＝身体など）に内属している他の原因（＝手などの部分）の中に〔手を〕見ることから、一つのもの（＝手）について「〔これは身体の〕一部位であると〔いう知識が生ずる〕」。（ekārthasamavāyiṣu kāraṇāntareṣu darśanād ekadeśa ity ekasmin.）

身体など何らか一つのものに、手などの部分が内属していると認識されたとき、このもの（＝例えば手）について、それら〔手などの諸部分〕の内の一部位であるとの知識が生ずるが、今度は、それらを分離して、分離されたものを認識してから、この一部位を有するもの（＝身体）について、「結果〔である身体〕が有った」という知識が生ずる。

それらの部分とは何かということに答えていわく。

〔スートラ一〇・一一〕「頭である」「背である」「腹である」「手である」という〔知識〕は、それらの〔普遍かつ〕特殊によって生ずる。（śiraḥ pṛṣṭam udaram pāṇir iti tadviśeṣebhyaḥ.）

みずからの普遍かつ特殊である頭性などによって知識が生ずるもの、それが頭などの部分である、という意味である。

他方、原因についての知識は、

〔スートラ一〇・一二〕 実体に結果が内属することによって、「〔実体が〕原因である」との〔知識が生ずる〕。（kāraṇam iti dravye kāryasamavāyāt.）

結果である実体あるいは性質あるいは運動が実体に内属しているのを見る人に、「実体が原因である」という第一義的な知識が生ずる。結果は生じたものだからである。

他方、生じたのではないものについて、

〔スートラ一〇・一三〕 あるいは〔糸の〕結合から〔結果である布が生じつつあるときにも、糸が布の原因であるとの知識が生ずる〕。（saṃyogād vā.）

糸などの相互の結合から結果〔である布など〕が今や生じつつあるときにも、人に、布にたいして糸が原因であるとの知識が生ずる。

〔スートラ一〇・一四〕 〔結合と分離の〕原因〔である実体〕に内属するから、運動にたいして〔それが結合と分離の原因であるとの知識が生ずる〕。(kāraṇasamavāyāt karmaṇi.)

運動は、結合と分離にたいして他のものを待たない原因であるから、それら(=結合と分離)の原因である実体に内属しているから、運動は、生じたとたんに〔結合と分離の〕原因であるとの知識を生ぜしめる。

今度は性質について、

〔スートラ一〇・一五〕同様に、また、〔糸の色は、結果である布の色という〕原因の原因〔である糸〕に内属することから、〔糸の〕色について〔それが原因であるという知識が生ずる〕。(tathā rūpe kāraṇakāraṇasamavāyāc ca.)

〔糸の〕結果〔である布〕の色の質料因である布などの質料因である糸(複数)、そうした原因の原因に〔布の色は〕内属しているから、〔糸の〕色などは〔布の色などの〕原因であるといわれる。「また」(ca)という語があることから、未だ生じていない〔布という〕結果の色にたいしても〔糸の色が〕原因であるとの知識が生ずる〔ということも併せて述べられている〕。

〔スートラ一〇・一六〕〔結果は〕原因に内属しているから、〔結果である実体にたいして原因の〕結合が〔原因であるとの知識が生ずる〕。（kāraṇasamavāyāt saṃyoge.）

結果である布などは、その質料因である糸などに内属しているから、〔結果である〕実体にたいして〔糸などの〕結合が原因であるとの知識が生ずる。

他方、性質と運動が造られることについては、

〔スートラ一〇・一七〕同様に、また、〔原因である結合はその〕原因と原因でないものとに内属しているから、〔原因と原因でないものは原因である〕。（tathā kāraṇākāraṇasamavāyāc ca.）

原因である水がめと原因でない火とに〔水がめと〕火との結合は内属しているから、〔両者は〕燃焼より生ずる性質の原因である。運動の原因である打撃を受けるものと原因でない打撃を与えるものとに速力を有する実体の結合は内属しているから、〔両者は〕運動の原因である。

他方、燃焼より生ずる性質が造られることについては、

〔スートラ一〇・一八〕〔原子と火との結合は、原子と〕結合した〔火〕に内属しているから、火の特別の〔性質である熱の触を待つ〕。(saṃyuktasamavāyād agner vaiśeṣikam.)

原子に燃焼より生ずる色が造られるときには、〔原子と火との〕結合は、原子と結合した火に内属している熱の触という特別の性質を待つ。実体以外のものについては、結合が他を待つ原因である。

感官を超越した元素などの対象にたいしては、

〔スートラ一〇・一九〕推論が原因であると解明された。(laiṅgikaṃ pramāṇaṃ vyākhyātam.)

推論とは、間接知であるといわれる。結果について、「〔それが〕生ずるであろう」などと理解させるもの、それが推論という原因であると解明された。

本書の最初に、功徳が解明されるべきものであると主張された。このゆえに、功徳を聖典に照らし合わせるために、すでに説かれてはいるけれども、二つのスートラが再び説かれる。

〔スートラ一〇・二〇〕〔聖典に〕見えているものの内、目に見える目的が見られない場合、〔それを〕実践することは生天をもたらす。（dṛṣṭānāṃ dṛṣṭaprayojanānāṃ dṛṣṭābhāve prayogo 'bhyudayāya.）

天啓聖典と憶念聖典に見えているものの内、目に見える目的がない場合、〔それを〕実践することは生天という功徳をもたらす、という意味である。

〔スートラ一〇・二一〕その〔最高神の〕ことばによって、聖典は権威である、と。（tadvacanād āmnāyaprāmāṇyam iti.）

幸あるお方である最高神は、身体や世界などを結果として有するものとして知られている。そして、その最高神が作ったものであるから、聖典が権威であることが確定された。「と」（iti）という語は完了を意味する。以上のように、実体などの共通性と非共通性を完全に知ることから、また離欲によって知識が生ずることから、また「自己が知られるべきである」などという文章によって、徐々に知識を得ることにより至福の証得がある。

常にこの世界に歓喜をもたらす、明知と星降る夜を司る月、それを喜ぶチャンドラーナンダがこの註釈を著した。

宮元 啓一（みやもと・けいいち）
1948年生まれ。東京大学文学部卒。博士（文学）。
インド哲学専攻。現在、國學院大學文学部哲学科
教授。

主な著書

『インド哲学七つの難問』（講談社選書メチエ、2002年）

『Daśapadārthī（勝宗十句義論）』（臨川書店、2007年）

『シリーズ・インド哲学への招待』（全５冊、春秋社、2008年）

など多数。

ヴァイシェーシカ・スートラ　古代インドの分析主義的実在論哲学

二〇〇九年七月三十一日　初版発行

訳註者　宮　元　啓　一
発行者　片　岡　敦
印刷製本　亜細亜印刷株式会社

発行所　606-8204 京都市左京区田中下柳町八番地
株式会社　臨　川　書　店
電話(〇七五)七二一-七一一一
郵便振替　〇一〇七〇-二-八〇〇

落丁本・乱丁本はお取替えいたします
定価はカバーに表示してあります

ISBN 978-4-653-04037-8 C0010